广视角·全方位·多品种

权威·前沿·原创

皮书系列为
"十二五"国家重点图书出版规划项目

资产管理蓝皮书

BLUE BOOK OF
ASSET MANAGEMENT

中国信托业发展报告
（2013）

ANNUAL REPORT ON THE DEVELOPMENT
OF CHINA'S TRUST INDUSTRY (2013)

大资产管理时代的信托业

智信资产管理研究院 / 编著

社会科学文献出版社
SOCIAL SCIENCES ACADEMIC PRESS (CHINA)

图书在版编目（CIP）数据

中国信托业发展报告. 2013. 大资产管理时代的信托业/
智信资产管理研究院编著. —北京：社会科学文献出版社，
2013.7（2013.9重印）
（资产管理蓝皮书）
ISBN 978 - 7 - 5097 - 4787 - 2

Ⅰ.①中… Ⅱ.①智… Ⅲ.①信托业 - 研究报告 - 中国 -
2013 Ⅳ.①F832.49

中国版本图书馆 CIP 数据核字（2013）第 142135 号

资产管理蓝皮书
中国信托业发展报告（2013）
——大资产管理时代的信托业

编　　著／智信资产管理研究院

出 版 人／谢寿光
出 版 者／社会科学文献出版社
地　　址／北京市西城区北三环中路甲 29 号院 3 号楼华龙大厦
邮政编码／100029

责任部门／皮书出版中心（010）59367127　　责任编辑／陈　帅　王　颉
电子信箱／pishubu@ ssap. cn　　　　　　　　责任校对／岳书云
项目统筹／郭　峰　　　　　　　　　　　　　责任印制／岳　阳
经　　销／社会科学文献出版社市场营销中心（010）59367081　59367089
读者服务／读者服务中心（010）59367028

印　　装／北京季蜂印刷有限公司
开　　本／787mm×1092mm　1/16　　　印　　张／18.5
版　　次／2013 年 7 月第 1 版　　　　　字　　数／206 千字
印　　次／2013 年 9 月第 2 次印刷
书　　号／ISBN 978 - 7 - 5097 - 4787 - 2
定　　价／69.00 元

本研究获得以下机构支持

中信信托有限责任公司
华润深国投信托有限公司
长安国际信托股份有限公司

中国银监会
中国信托业协会
四川信托有限公司
新华信托股份有限公司
中国民生信托有限公司
中建投信托有限责任公司
陆家嘴国际信托有限公司
锦天城律师事务所
兆源律师事务所
用益信托工作室
中国金融信托网
百瑞信托有限责任公司
北京国际信托有限公司
方正东亚信托有限责任公司
国民信托有限公司
华宝信托有限责任公司
华能贵诚信托有限公司

华融国际信托有限责任公司

华鑫国际信托有限公司

吉林省信托有限责任公司

建信信托有限责任公司

昆仑信托有限责任公司

平安信托有限责任公司

山东省国际信托有限公司

山西信托股份有限公司

上海国际信托有限公司

苏州信托有限公司

天津信托有限责任公司

万向信托有限公司

五矿国际信托有限公司

西部信托有限公司

西藏信托有限公司

兴业国际信托有限公司

英大国际信托有限责任公司

云南国际信托有限公司

浙商金汇信托股份有限公司

中诚信托有限责任公司

中国对外经济贸易信托有限公司

中海信托股份有限公司

中航信托股份有限公司

中粮信托有限责任公司

中融国际信托有限公司

中泰信托有限责任公司

中铁信托有限责任公司

紫金信托有限责任公司

主要编撰者简介

蒲坚 中信信托有限责任公司董事长兼党委书记，中国国际经济咨询有限公司董事长，中国信托业协会会长。美国福坦莫大学工商管理硕士，高级经济师。曾任中信证券股份有限公司副总经理兼企业融资委员会主任、研究部总经理，中信联合创投公司董事长兼总经理，中国中海直总公司副董事长兼党委书记，中信海洋直升机股份有限公司总经理兼党委书记，中信信托有限责任公司总经理兼党委书记，中国中信集团公司董事。

孟扬 华润金融股份有限公司副 CEO，华润深国投信托有限公司董事长。北京大学经济学学士、硕士。参加英国斯特灵大学（University of Stirling）工商管理高级经理培训，美国波士顿大学（Boston College）访问学者。

崔进才 长安国际信托股份有限公司董事、总裁。毕业于中国人民银行研究生部，经济学硕士，高级经济师。曾任中信资产管理有限公司董事、副总经理；中信银行信贷管理部副总经理、总经理，公司业务管理部总经理，零售银行总部副总经理。

郑智 智信资产管理研究院执行院长、智信网总编辑、中国信托业协会专家理事。毕业于西南财经大学。曾任《21世纪经济报道》资深记者。

摘 要

2012 年对中国信托行业而言具有不同寻常的意义：一方面，2012 年是信托行业的丰硕之年——截至 2012 年底，信托公司管理资产规模达到 7.47 万亿元，超越保险业，一举成为仅次于银行业的第二大金融子行业。除了规模的持续扩大，信托产品也不断丰富，业务复杂程度升级。另一方面，2012 年又是信托行业的忧患之年——2012 年信托公司风险个案事件的频现再次引起人们对信托业是否会引起系统性风险的探讨。与此同时，证券、基金、保险等行业新政频出，数倍于信托公司数量的资产管理机构高举创新大旗，欲瓜分资产管理市场。在"内忧外患"之下，信托公司增长模式的可持续性引起了行业的深思。

与以往相比，信托业发展的外部环境发生的最大变化在于大资产管理时代（简称"大资管时代"）的到来。尽管面临大资管时代群雄逐鹿的挑战，但信托业的规模仍有较大攀升空间。从短期看，信托业当前正处于转型发展的过渡时期，信托公司依然具备独一无二的信托制度优势。从长期看，无论与国外资产管理行业相比，还是与国内巨大理财需求相比，我国信托业仍有广阔的发展空间。但是，当前信托业的主流业务模式仍然存在一定压力与挑战。创新跨行业合作与多元化转型发展将是信托公司未来核心优势增长的最主要来源。

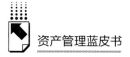

　　随着金融市场的开放和监管政策的放开，不同类型的金融子行业和金融机构之间业务往来日益增多，融合度不断加强。为了更好地促进资产管理行业健康有序发展、维护金融市场的繁荣与稳定，有必要对中国资产管理行业进行顶层制度设计，对相同或相似属性的资产管理业务确定统一的法律关系、监管标准以及监管机构。《信托法》亟须修改完善，让更多资产管理机构分享信托制度的功能优势，同时也受到信托法律的规范管理。

Abstract

The year of 2012 is especially meaningful for the trust industry of China. On one hand, it is a year of harvest: by the end of 2012, assets under management (AUM) by the whole industry reached 747 million yuan, becoming the second largest financial industry behind banking. As the scale of AUM goes up, the variety and complexity of trust products are also increasing. On the other hand, it is also a year of crisis: the fact that a dozen of trust companies run into risky projects provoked the debate about whether the trust industry will cause systematic risk. Meanwhile, many new polices have been issued since last year in the securities, fund management and insurance industries, all these asset management companies begin to grab the asset management market share. Against this background, the sustainability of the trust industry's growth model has also given the industry food for thought.

Compared with the past, the biggest change the trust industry has faced is the coming of the age of pan-asset management. Although facing the challenge of fierce competition in the age of pan-asset management, the scale of trust industry will keep increasing. In the short term, the trust companies still have unique advantages in terms of trust regime when the whole trust industry is in the interim phase of the transition period. In the long run, whether compared with foreign asset management industry, or

compared with domestic huge financial needs, there will still be vast development space for our domestic trust industry. However, the main business model of the trust industry also has some pressure and challenges. Innovation cross-sectoral cooperation and diversification development will be the main source for the trust companies to grow their core advantages.

As the financial markets have been opening and the regulation has loosened, the business relations and confluences of different sub financial industries and financial institutions have been increasing. As a result, the design of the top regime needs to be reconsidered, which requires common law, regulation standard and regulators for the asset management businesses of the same or similar natures, in order to promote the healthy and orderly development of asset management industry and the prosperity and stable of the financial markets. As a result, the revision of the Trust Law is desired to help more asset management businesses to share the functional advantage of trust regime and be under the governance of trust laws.

目 录

ⅣB　制度建设篇

ⅤB　专题研究篇

皮书数据库阅读使用指南

CONTENTS

B I   General Report

B II   Chapter of Market Environment

B III   Chapter of Industry Development

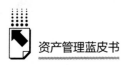
资产管理蓝皮书

B.IV   Chapter of Institutional Improvement

B.V   Chapter of Special Research

总 报 告

General Report

B.1

2012 年中国信托业
发展回顾及新五年展望

课题组

摘　要：

　　2012 年对信托业而言具有不同寻常的意义：既是信托行业的丰硕之年，又是信托行业的忧患之年。与此同时，中国证监会、中国保监会行业资产管理新政频出，数倍于信托公司数量的资产管理机构高举创新大旗，争夺资产管理市场。另外，《证券投资基金法》修订在年底通过，扩大了公募基金业务参与机构范围，并将非公募基金纳入调整范围。在"内忧外患"之下，信托公司增长模式的可持续性引起了行业的深思。

关键词：

　　大资管时代　信托业　证券公司　基金公司　保险资产管理公司

一　信托业发展外部环境变化：大资管时代到来

　　2012 年 5 月 7 日至 8 日，声势浩大的证券公司创新发展研讨会在北京召开，提出了证券公司改革开放、创新发展的 11 条措施，其中第一条就是"提高证券公司理财类产品创新能力"。

　　一个月之后，2012 年 6 月 7 日，在中国证券投资基金业协会成立大会上，时任中国证监会主席郭树清发表了题为《我们需要一个强大的财富管理行业》的讲话，在这篇讲话里，郭树清力陈发展财富管理业务对经济转型的重要意义，称这是提高我国经济效率、改善国民收入分配、改善金融体系结构、推进资本市场健康发展的需要。

　　郭树清同时指出，我国财富管理行业总体上还处于幼年时期，不仅远未能满足市场的需要，而且自身也存在种种缺点与不足。比如，产品设计针对性不强，行业分割还比较严重，监管标准不尽一致，对投资者保护的制度安排存在缺失，等等。

　　中国证监会释放出强烈的政策信号：资产管理和财富管理业务在中国方兴未艾，证券公司、基金公司过去受到太多不合理的管制，需要"松绑"。此后，"放松管制，放宽限制"成为中国证监会的政策主基调：修订券商资管"一法两则"，大幅拓宽券商资管产品投资范围；允许基金公司成立子公司，开展和信托公司高度类似的业务；允许期货公司试点资产管理业务；大幅拓宽证券公司资产证券化业务基础资产范围。

中国保监会也不甘落后，出台的政策主要集中在对保险资金的运用和保险资产管理公司业务发展两个方面，意图借机逐步淡化保险资产管理的行业局限，由原先单一的买方附庸角色，转变为真正的第三方资产管理机构。

中国银监会在 2012 年没有出台重大的涉及银行理财业务和信托公司的监管政策。银行理财一直是国内最大的机构投资者，多年来"雄霸依旧"，2012 年底余额达到了 7.1 万亿元，而银行自营资金也在 2012 年开启了与信托对接的新征程。

（一）群雄逐鹿大资管

1. 商业银行雄霸依旧

自 2004 年推出以来，银行理财目前依旧占尽天机，雄霸依旧。银行业务一路高歌猛进，截至 2012 年底，银行理财产品余额达到了 7.1 万亿元。银行理财依托银行网点渠道和基础资产平台，连通了投资与融资，连通了客户的多样化需求与银行的创新冲动，连通了银行内部全流程再造的各个节点，连通了宏观金融政策与微观行为主体，成为银行业务创新的产物。

目前，商业银行在全国拥有逾 20 万个网点，其不仅拥有天然的广大客户平台，可以轻松从现有客户中开发资产管理业务的客户资源，还能全面掌握各类客户财产和信用状况。除此之外，截至 2012 年底，银行业总资产规模超过 130 万亿元，

银行掌握着规模最大、质量最高的基础资产，这为今后与各类机构合作开展资产证券化业务提供了创新源泉。

2. 券商资管规模暴增

2012 年 8 月 22 日，中国证监会发布了券商资管"一法两则"的修订征求意见稿。同年 10 月 18 日，修订后的《证券公司客户资产管理业务管理办法》及配套的《证券公司定向资产管理业务实施细则》和《证券公司集合资产管理业务实施细则》正式发布。

券商资管新政的主基调是"放松管制，放宽限制"：一是取消了集合资产管理计划行政审批，改为事后由证券业协会备案管理；二是扩大了投资范围，增多了资产运用方式，小集合允许投资证券期货交易所交易的投资品种、银行间市场交易的投资品种以及金融监管部门批准或备案发行的金融产品。对于定向资产管理，允许投资者和证券公司自愿协商，合同约定投资范围。

尽管修订后的"一法两则"在 2012 年 10 月 18 日才正式颁布，但在中国证监会鼓励券商创新的氛围之下，券商资管从 2012 年第三季度开始规模暴增。2012 年 6 月底，证券公司受托管理资金本金总额为 4802.07 亿元，9 月底增至 9295.96 亿元，12 月底增至 1.89 万亿元，2013 年 3 月底，进一步增至 2.83 万亿元（见图 1）。在业务收入方面，2012 年，114 家证券公司实现受托客户资产管理业务净收入 26.76 亿元，较 2011 年增长了 26.64%。

2013 年 3 月 15 日，中国证监会又颁布了《证券公司资产证券化业务管理规定》，允许证券公司通过专项资产管理计划

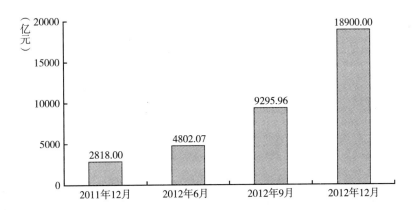

图 1 证券公司受托资产管理规模增长

资料来源：中国证券业协会。

等形式，以企业应收款、信贷资产、信托受益权、基础设施收益权、商业物业不动产财产等特定基础资产或资产组合所产生的现金流为偿付支持，通过结构化方式进行信用增级，在此基础上发行资产支持证券。

与金融行业其他资产管理机构相比，证券公司还在大中型机构客户与项目资源、经纪业务渠道、投资顾问团队三大方面有着核心优势，并可能在未来进一步发挥这些长处。

3. 基金子公司全面"信托化"

2012 年 6 月 29 日，中国证监会就修改《基金管理公司特定客户资产管理业务试点办法》及其配套规则向社会公开征求意见。征求意见稿规定，允许基金管理公司通过设立专业子公司开展专项资产管理业务。

2012 年 9 月 26 日，中国证监会正式发布了《基金管理公司特定客户资产管理业务试点办法》，允许基金公司设立子公司，发行专项资产管理计划，投资未在证券交易所交易的

股权、债权及其他财产权利，使得其投资范围几乎与信托公司一致。2012 年 10 月 29 日，中国证监会进一步出台了《证券投资基金管理公司子公司管理暂行规定》，对基金子公司的设立条件、流程、基金子公司治理和营运等细节进行了具体规定。

基金子公司的投资范围几乎可以与信托公司相匹敌，从其具体的业务实践来看，也全面借鉴了信托公司的业务模式、信托产品设计的基本理念和工具。基金子公司还大量从信托公司"挖角"。

由于同时具备较为宽松的监管环境、出众的资产配置能力、强大的投资研究团队、成熟的客户群体四大优势，并且还有管理层股权激励政策，基金子公司未来具有广阔的发展空间。不过，基金子公司当前尚处于起步阶段，还面临着来自各方面的严峻挑战，如何在群雄逐鹿的资产管理市场打造自身的核心竞争力，是基金子公司未来发展的关键所在。

4. 《基金法》修订与公募基金资格扩容

2012 年 12 月 28 日，第十一届全国人大常委会第三十次会议审议通过了修订后的《中华人民共和国证券投资基金法》，并于 2013 年 6 月 1 日正式实施。

新基金法明确了"公开募集"与"非公开募集"的界限，将私募基金作为具有金融属性的金融产品纳入规制范围。为合伙制基金管理人、保险资产管理公司等金融机构及符合条件的私募基金管理人从事公募业务，商业银行之外的其他金融机构从事基金托管业务留足了法律空间。

2013 年 2 月 18 日，中国证监会发布了《资产管理机构开展公募证券投资基金管理业务暂行规定》，允许证券公司、保险资产管理公司、私募证券基金管理机构三类机构开展公募证券投资基金业务。6 月 28 日，中国证监会通报了修订后的《证券公司客户资产管理业务管理办法》和《证券公司集合资产管理业务实施细则》，其中删除了投资者超过 200 人的集合计划的相关规定，以后将不再有大集合、小集合的划分。

此次《基金法》的修订，为投资管理能力较强的证券私募机构从事公募业务提供了机会，在一定程度上或将对信托公司"阳光私募"业务形成较强的冲击。

5. 保险资产管理公司扩大投资范围，进军第三方资产管理

2012 年 7 月 16 日，中国保监会发布了《保险资金委托投资管理暂行办法》《保险资金投资债券暂行办法》《关于保险资金投资股权和不动产有关问题的通知》等一系列新规，放宽了保险资金投资范围限制，拓宽了保险资金的运用范围，丰富了保险资金的运用方式。

2012 年 10 月 20 日，中国保监会发布了《关于保险资金投资有关金融产品的通知》，规定保险资金可以投资境内依法发行的商业银行理财产品、银行业金融机构信贷资产支持证券、信托公司集合资金信托计划、证券公司专项资产管理计划、保险资产管理公司基础设施投资计划、不动产投资计划和项目资产支持计划等金融产品，并对各项投资标的进行了详细说明。

2012 年 10 月 22 日和 23 日，中国保监会连续发布了四个

文件，即《保险资金参与股指期货交易规定》《保险资金参与金融衍生产品交易暂行办法》《保险资金境外投资管理暂行办法实施细则》和《基础设施债权投资计划管理暂行规定》，对保险资金投资股指期货、远期与期货等金融衍生品、境外投资以及基础设施债权投资做了具体规定。

2013 年 2 月 17 日，中国保监会发布了《关于保险资产管理公司开展资产管理产品业务试点有关问题的通知》，文件明确规定，保险资产管理公司可以自己担任受托人，向委托人募集资金，投资于银行存款、股票、债券、证券投资基金、央行票据、非金融企业债务融资工具、信贷资产支持证券、基础设施投资计划、不动产投资计划、项目资产支持计划及中国保监会认可的其他资产。

2013 年 2 月 28 日，中国证监会发布了《资产管理机构开展公募证券投资基金管理业务暂行规定》，允许符合条件的保险资产管理公司参与公募基金业务。

从以上政策的出台可以看出，保险资产管理公司赶上了"资管新政"的热潮。中国保监会出台的政策重点集中于保险资金的运用和保险资产管理公司的业务发展两个方面，意图借机逐步淡化保险资产管理的行业局限，由原先单一的买方附庸角色，转变为真正的第三方资产管理机构。与其他资产管理机构类似，保险资产管理公司也有自己独特的优势，如独一无二的风险分散能力、基础雄厚的资金来源以及强大的营销网络。不过，目前保险资产管理机构管理的资金，来自第三方机构的尚不足 20% ，依旧以服务保险资金为主，第三方业务还有很长一段路要走。

6. 期货公司资产管理业务起步

期货公司也慢慢登上了大资管的历史舞台。借鉴证券公司、基金公司等其他金融机构的业务经验，中国证监会出台了期货公司资产管理业务管理办法及其配套政策。

2012 年 7 月 31 日，中国证监会发布了《期货公司资产管理业务试点办法》，该办法同时规定，申请资产管理业务试点资格的期货公司净资本不低于 5 亿元，最近两次期货公司分类监管评级均不低于 B 类 B 级，具有 5 年以上期货、证券或者基金从业经历。单一客户的起始委托资产不得低于 100 万元。

期货公司如能充分发挥其在衍生品市场领域的专业特长和比较优势，提供特色化的服务，有望在大资产管理市场中占据一席之地。

（二）银行理财与大资管时代的反思

1. 管制套利花样百出，"通道"业务价值几何？

（1）影子银行还是银行的影子？

由于政策限制，银行理财的投资范围传统上仅限于货币市场和债券市场，然而银行始终有投资信贷市场的强烈冲动。2009 年以来，银行大规模通过银信理财合作投资信贷、票据资产，发放信托贷款，对国家的信贷规模管控产生了一定干扰。2010 年 8 月以来，随着中国银监会"72 号文"的发布和《信托公司净资本管理办法》的实施，融资类银信理财合作遭遇围追堵截。

2012 第三季度以来，银行理财开始大规模和券商资管合作，投资票据资产、信贷资产，或通过银证信合作发放信托贷

款。银行理财嫁接券商资管，促成了券商资管规模从 2012 年
6 月底的 4802.07 亿元暴增至 2012 年底的 1.89 万亿元。

除此之外，银行理财还开辟了另外一个"通道"——北
京金融资产交易所（以下简称"北金所"）的委托债权，其交
易结构为，银行代企业将融资需求（已通过行内授信审批）
在北金所"挂牌"，银行理财计划再去"摘牌"，银行、融资
方、北金所签订三方协议，银行将资金划拨给融资方。2012
年，北金所委托债权投资交易业务共完成 5873.58 亿元，2013
年前 3 个月成交 1879.39 亿元。

纵观中国的资产管理市场，银行理财是其他资产管理机构
（公募证券投资基金和保险资产管理除外）主要的资金供给
方。银行理财千方百计要投资信贷资产，发放贷款，这有其深
刻的原因，最主要是利率、信贷规模受管控，标准的信贷资产
证券化受禁锢，以及直接融资欠发达。与其说信托公司、证券
公司、基金子公司、保险资产管理公司等各类资产管理机构为
银行理财提供的"通道"是影子银行业务，不如说它们充当
了"银行的影子"。

面对银行联合各类资产管理机构、金融资产交易所进行的
名目繁多的"创新"，中国银监会显示出某种无奈，不能采取
"一禁了之"的非市场化做法，但此类管制套利，对货币政策
传导效应的干扰，又不得不予以考虑。

2013 年 3 月 25 日，银监会下发了《关于规范商业银行理
财业务投资运作有关问题的通知》（简称"8 号文"），将银行
理财通过各种"通道"投资的融资类资产定义为"非标准化
债权"。中国银监会明确了银行理财投资非标准化债权的合法

性，但提出总量控制，要求"理财资金投资非标准化债权资产的余额在任何时点均以理财产品余额的 35% 与商业银行上一年度审计报告披露总资产的 4% 之间孰低者为上限"。

"8 号文"对整个资产管理市场将产生重大影响，各类资产管理机构的"通道"业务总量将受到控制。且"8 号文"要求："商业银行不得为非标准化债权资产或股权性资产融资提供任何直接或间接、显性或隐性的担保或回购承诺。"此"担保禁令"如果得到有效执行，则意味着在"通道"业务中，"通道"提供者将承担基础资产的实质性风险。

（2）管制套利还是价值创造？

回首 2012 年，由于"通道"业务的全面兴起，我们见证了大资管时代各大金融机构资产管理规模的快速膨胀，与此同时，也见证了各大资产管理机构"通道费用"的急速下跌，甚至有免费招揽业务的极端情形出现。

大资管时代的序幕才刚刚拉开，2012 年监管的放松，促成了"通道"的利益均沾，但没有底线的恶意竞争终难持久，"通道"业务或将在不久的将来被彻底颠覆。

尽管"管制套利"或曰"监管套利"是金融市场的永恒主题，但信托公司、证券公司、基金子公司、保险资产管理公司必须直面一个现实，受托机构在"通道"业务背后缺乏真实价值的创造，"通道"业务的兴起更多是缘于银行理财资金受到了制度层面的较大约束，而非各大资产管理机构管理能力的体现。其实，各大资产管理机构尽展自身资产管理能力的大资管时代尚未真正来临。

一旦银行理财法律地位不明晰、投资范围不确定、投资方

式界定不明晰的状况发生改变，银行理财计划明确为信托法律属性，明确由其独立资产管理机构管理，不再需要借助任何"通道"，各大资产管理机构又该如何在资产管理市场生存？如何在资产管理市场发展？

2. 顶层制度设计乃当务之急

（1）统一立法，明确信托法律关系属性

"资产管理"是经济层面的描述，不是严格的法律关系界定。要成为我国金融市场上的一种制度安排，资产管理必须形成相应的法律体系。而这种法律体系的一个重要内容就是提供适于开展一般性和特殊性资产管理业务的法律形式。从国际上看，资产管理借以运作的法律形式主要有委托代理、有限合伙、公司、信托四种形式。作为与委托代理、公司、合伙平行的一项资产管理制度，信托是资产管理活动最基本的法律形式，也是最重要的法律形式。由于具备风险隔离、长期稳定、灵活多样、目的自由、弹性规划等多方面的独特优势，信托最适合成为资产管理行业的普适制度。

其实，目前我国各类资产管理业务均运用了信托制度原理开展理财活动，其法律实质均符合信托关系属性。但是，我国资产管理行业受制于"分业经营，分业监管"的现状，实质法律属性相同的资产管理业务分属于不同机构监管，于是导致不同机构资产管理业务所适用的法律关系各不相同。总体而言，除了信托公司的信托业务与以基金公司为主的公募证券投资基金业务在法律关系属性上明确适用于《信托法》外，其他类型的资产管理业务大多以"委托代理"之名，行"信托管理"之实，或者相关监管机构对其资产管理的法律关系属性避而不谈，无法将其明确为信托关系。

没有统一的信托机构管理规定，不同的受托主体适用不同的监管规定，直接制约了资产管理市场的长远发展。将银行理财、券商资管、基金子公司特定客户资产管理、保险资管等资产管理业务明确为信托关系，是金融市场规范运行和维护投资者权益的重要保障。

根据当前立法现状，新立一部《资产管理法》和《信托业法》成本太高，可知的路径是对《信托法》进行修订，在其中加入"营业信托"一章，或通过国务院行政法规的制定，明确营业性信托业务如何管理。

实际上，现行《商业银行法》《证券法》《保险法》等法律规定已为以上两大路径的实现预留了缺口，如此一来，既可解决前述资产管理业务使用信托原理的问题，又不会与《商业银行法》等现有规范相冲突。这样的制度规定，既能够统领整个资产管理行业所有运用信托制度的营业机构，又能够与《商业银行法》《证券法》《保险法》拥有相同层级的法律效力，从而实现跨部门的监管协调。

（2）信托配套制度的健全

信托制度实际上是我国在原有"名实合一"的财产权制度之外，另行建立的一项"名实分离"的财产权制度。我国原有的财产法律体系，包括财务制度、税收制度、过户登记制度等，均是以"名实合一"绝对所有权概念为基础建立的，这一体系明显无法简单地适用于信托财产关系，而必须加以体系化重构，以适应信托这一新型财产权制度实施的需要，否则，就会严重影响信托制度功能价值的发挥，与我国引进信托

制度的立法初衷背道而驰。

因此,可以通过《信托法》层面的修改,确认信托财产的权利归属,明确信托收益权等新型财产权利的法律属性。

当然,通过修改《信托法》重构民事法律体系可能需要较长时间,这与加强信托关系合法性保护的迫切需求存在一定冲突。在这种情况下,完善信托配套制度可以说是弥补当前信托法律缺陷的一种有效途径。信托登记、信托受益权流转、信托税收、公益信托等配套制度的建立健全,可能成为我国信托业务未来能否顺利转型发展的关键要素。

如今,我国信托业务大多集中于资金信托模式,其他财产类型的信托业务难以开展实施,很大程度上就是因为信托关系合法性的保护缺失。因此,当前加强信托关系合法性的保护乃推进信托业务转型发展的重中之重。

(3)营业信托监管体系的完善

我国目前对资产管理活动是按照经营机构的不同性质分别由不同的监管机构进行监管,各监管机构对资产管理活动的监管标准并不一致。"有宽有严,有松有紧",甚至有较为普遍的建立不合理"部门壁垒"的现象,导致在同一市场上经营相同业务的各资产管理经营主体面临不同的竞争环境。例如,随着资产管理行业各种新政的集中推出,信托公司与其他资产管理机构相比,有诸多方面处于劣势,具体表现为以下六个方面。

第一,集合资金信托计划的投资起点与人数限制不利于其发展。目前,集合资金信托计划投资起点一般为100万元,300万元以下人数不超过50人。但是,证券公司小集合、基金专户"一对多"以及集合类保险资产管理计划中,投资金额 100 万~300 万元以下的人数均不超过 200 人。

第二，部分信托产品的严格报备程序阻碍了其业务发展。目前，部分地方的银监部门要求房地产信托计划、证券投资类信托计划等信托产品需逐一向银监局事前备案，不符合监管要求的信托产品不得成立，其程序实质上更加类似于送审报批。但是，证券公司除了专项资产管理计划必须向中国证监会报批外（信托公司的资产证券化产品也需要向中国银监会报批），其他产品均为事后向证券业协会备案。另外，基金子公司特定资产管理计划也是事后向中国证监会备案。

第三，信托产品的流动性不足在一定程度上将影响其市场吸引力。从受益权流动化看，对于集合资产管理计划份额，基金管理公司可通过证券交易所交易平台转让；证券公司虽暂时不能转让，但为解决巨额赎回、化解流动性风险，也可以以自有资金参与或退出集合计划；并且，近期有部分券商正在积极推动集合资产管理计划份额在交易所平台转让。而信托公司的集合资金信托计划的受益权虽可转让，但信托受益权进行拆分转让的，受让人不得为自然人，机构所持有的信托受益权，不得向自然人转让或拆分转让。

第四，从净资本管理看，信托公司的信托业务实行严格的净资本管理，而且净资本占用比例较高。2012 年 4 月、11 月，中国证监会相继修改了《关于证券公司风险资本准备计算标准的规定》，对证券公司风险资本计提标准进一步放松，而基金管理公司的资产管理业务则并未实行净资本管理。

第五，信托公司分支机构设立的限制增加了其业务拓展的难度。从分支机构看，银行与保险机构具有天然的渠道网

点优势；证券公司也拥有证券营业部的渠道和网络优势，还可以设立资产管理子公司；基金管理公司也可以方便设立分支机构，并可以设立资产管理子公司；而信托公司目前设立分支机构仍然受到较大限制。异地分支机构设立的限制，将使得信托公司在项目渠道来源、项目风险管理、产品销售发行等多方面受到制约。

第六，从资产证券化业务来看，当前我国信托公司资产证券化业务允许操作的基础资产以信贷类资产为主，资格申请流程较为严格，流动性机制较差。根据证券公司资产证券化业务新规，证券公司的基础资产在原有企业资产基础上，新增信贷资产、信托受益权、商业物业等种类，并大大降低了资格申请门槛。同时，证券公司专项资产管理计划可在证交所、证券公司柜台市场等平台进行转让。

我国作为一个新兴的资产管理市场，保护投资者利益、维护理财市场的稳定发展，以及建立一套科学务实的营业信托监管体系尤为重要。从长远发展角度看，我国营业信托监管体系有必要进行从"机构监管"到"功能监管"的转变。这样的转变仍需逐步推进，难以在当前一蹴而就。在缺少独立的监管部门对资产管理业务实行统一监管的情况下，各资产管理机构所属监管部门之间应当加强彼此沟通协调，实现监管理念、监管原则以及监管标准的统一，维护金融市场的稳定发展。

（三）"大资管—大投行"时代

1. 大资管时代到来：深层原因与政策驱动

大资管时代的到来，表面上是受监管部门，尤其是中国证监会的政策驱动，但实际上有很深的内在逻辑，是金融市场发展的产物。从以下角度来看，大资产管理时代的悄然来临，也符合金融业发展的内在逻辑：第一，资产管理行业的兴起符合投资理财市场中投资者、融资方以及资产管理机构自身等多方利益者的真实需求。第二，近年来信托业规模的高速增长与业务的大量创新，为其他金融同业机构开展"类信托"业务起到了积极的示范效应。第三，大资管时代也符合各大金融机构通过战略转型的方式寻找全新盈利模式的巨大诉求。

2. "大资管—大投行"时代：重塑金融中介体系

同时，大资管时代也是大投行时代，在中国，资管机构和投行机构是合一的。资产管理业务的发展不仅丰富了居民的投资理财选择，而且重塑了中国的整个金融体系。

可以预见，资产管理将是未来中国金融业最具成长性的新兴业务板块。各类金融机构之间的竞争将更加激烈，无论是对信托公司而言，还是对证券公司而言，制度红利都将不可长久。管制套利虽是永恒的主题，但是空间会变得越来越小。

资产管理需要助力实体经济的发展，参与社会财富创造，而目前，整个资产管理市场的一大问题是都在做套利，而且在围绕银行做套利。如前所述，与其说这些是"影子银行"，还不如说是"银行的影子"。因而，整个资产管理市场规范发展的核心是银行理财。大资管时代还没有真正到来，商业银行的理财计划全面信托化，银行设立资产管理公司，那时候将意味着绝大部分的"通道"被消灭。

二 信托业发展内部环境改变：丰硕与 忧患并存的 2012 年

2012 年对信托行业而言具有不同寻常的意义：一方面，2012 年是信托行业的丰硕之年——截至 2012 年底，中国信托公司管理资产规模超越保险业，达到 7.47 万亿元，一举成为仅次于银行业的第二大金融子行业。除了规模的持续扩大，信托产品也不断丰富，业务复杂程度升级。另一方面，2012 年又是信托行业的忧患之年——如前所述，证券、基金、保险等行业新政频出，数倍于信托公司数量的资产管理机构高举创新大旗，欲瓜分资产管理市场。与此同时，2012 年信托公司风险个案事件的频现再次引起人们对信托业是否会引起系统性风险的探讨。在"内忧外患"之下，信托公司增长模式的可持续性引起了行业的深思。

（一）信托业之硕

首先，信托资产规模频创历史新高，一定程度上符合市场经济学的供需原理。从"供给"一端来看，受存贷比和准备金等标准的限制，实业企业从银行贷款越来越难，市场的融资需求旺盛，为信托提供了大量的潜在客户。凭借自身制度优势和多年丰富经验，信托公司也有能力不断提供信托创新业务，满足市场需要。从"需求"一端来看，根据美国和日本等发达国家的经验，信托资产的规模是随着 GDP 的增长而逐步增长的，一般在 GDP 规模的两倍左右，故目前我国资产管理市场仍存在巨大的增长空间。

其次，信托的快速发展不仅体现在规模上的"过关斩将"，而且体现在信托产品的不断丰富上。

就基础设施类信托而言，受政府一系列"扩内需、稳增长"政策的影响，各地基础产业项目陆续上马，在建项目也亟须注入资金，这导致基础产业信托业务的兴起，2012 年底余额达 1.65 万亿元，占同期资金信托总额的 23.62%。

就房地产信托而言，2012 年底余额为 6881 亿元，较 2011 年底略有下降，占同期资金信托的比例下降将近 5 个基点，实现了平稳过渡。从 2003 年和 2008 年两次大发展期来看，在货币政策偏紧的情况下，一旦银行信贷供应减少，信托、私募基金等渠道融资需求就会增多，信托规模有随着银行信贷紧缩而膨胀的趋势，而信托公司也倾向于选择房地产等发展较快的行业作为业绩增长的驱动力。

资金池信托产品成为 2012 年信托业务的一大热点。"期限错配"令这类产品饱受诟病，引起市场上"借新还旧""庞氏骗局"等种种担忧。2012 年 10 月，中国银监会非银部窗口指导信托公司暂时停止报备新资金池业务，对于存量的资金池信托业务，拟定有关文件予以规范。但是由于流动性高、期限短、收益稳健的特点，资金池产品深受投资者的追捧和认可。

在证券投资信托方面，"波澜不惊"是总结其 2012 年表现的最佳陈词。得益于投资于债券市场的证券投资信托的增长，2012 年底证券投资信托业务余额达 8065.17 亿元，较 2011 年增长 91.76%，投资于债券市场的证券投资信托规模达

到 5330 亿元，比 2011 年翻了一番有余。但是，由于股票市场的低迷，2012 年第一季度至第四季度投向股票市场的信托规模余额却没有太大变化。

艺术品信托在 2012 年受到了市场较大冲击，在发行规模和发行数量上双双下降。根据用益信托工作室不完全统计，2012 年共有 12 家信托公司参与发行艺术品信托产品 34 款，融资规模达 33 亿元。与 2011 年相比，产品数量减少了 10 款，环比下降 22.73%；发行规模环比下降 39.5%，下降幅度较大。

与艺术品信托相反，QDII 信托产品在 2012 年却拉开了帷幕，业务余额达到 73.74 亿元，较 2011 年翻了 7 倍有余，占同年信托业资产管理规模的 0.1%。不过，在投资范围上，无论是单一信托还是集合信托，QDII 信托产品目前都只能投向国际公认评级很高的机构，产品带有一定类固定收益色彩。

（二）信托业之患

在 2012 年，信托资产规模持续攀升，业务种类不断丰富的同时，也发生了一系列的信托个案风险事件，引起了思辨的人们对信托业多米诺骨牌效应和隐藏风险的思考。

作为金融体系中的市场参与者，信托公司本质就是经营风险、管理风险的企业。实践中，个案信托产品出现风险事件，如同银行有不良贷款、股票涨跌、基金净值变化等，是十分自然的现象，但是"刚性兑付"的潜规则使社会对信托产品收益有着更严格的要求。我们认为，面对风险正确的态度是分析风险、管理风险、处置化解风险，而不是猜测风险、夸大风险。事实上，伴随着信托公司风险防线的日益增厚和风险处置手段的逐步增强，信托行业爆发系统性风险的可能性并不大。

一方面，随着部分信托产品风险的日益暴露，信托公司风险处置手段也在实战中逐渐升级，如信托计划延期、担保物的变现、资产管理公司接盘、股东协调等。另一方面，信托公司的固有财产是其风险抵御底线，近年来信托公司普遍大幅增资，且经营状况持续向好，其风险防范能力日益增强。

另外，大资管时代的到来，进一步引发了人们对信托公司未来发展方向的思考。信托公司依靠原有业务模式坐享制度优势的时代即将终结，同类产品竞争加剧，行业亟须开发新的收益增长点，转型迫在眉睫。在大资管时代，我国高净值人群已初步成长起来，他们有更强的投资欲望和投资能力。此外，财富管理市场竞争加剧，信托公司渠道建设已刻不容缓，在自建渠道的同时，产品开发需更加强调自主管理能力，由被动管理向主动管理过渡。

未来，经过渠道和产品开发两方面能力的建设，等信托公司积累起足够的客户资源和丰富的产品，业务导向就可以有意识地选择是沿着"产品专业化"还是"客户专业化"的方向发展。现阶段，无论选择何种发展方向和转型策略，信托公司的定位都应是"专业化"，都应在提高专业投资管理能力、增强开发和服务高净值客户的能力、加快信息化建设步伐、加强研究与创新以及人才培养等方面持续努力，如此才能更好地适应未来发展需要。

三 中国信托业新五年展望：三问中国信托业之未来

信托资产规模在 2012 年底达到 7.47 万亿元，2013 年 3 月底，进一步扩张到 8.73 万亿元。然而，随着大资管时代的到来，其他竞争者亦对财富管理市场虎视眈眈，信托业的制度红利趋于弱化，个案风险事件频现。于此背景下，业界疑问不绝于耳：信托业规模是否已经"见顶"？信托业当前的业务模式究竟面临哪些问题？大资管时代下的信托业又如何发展？

（一）信托业规模是否已经"见顶"？

我们认为当前信托业资产规模尚未见顶，理由如下。

首先，更庞大的信托规模并不必然意味着更大的风险。2012 年出现的风险事件只是部分信托公司的个案流动性风险事件，没有造成实际上的违约，并不属于"系统性"或"区域性"风险，行业整体风险可控。

其次，尽管证券公司、基金公司等机构资产管理业务的兴起形成了强烈的竞争冲击，但是信托业已经开始进行转型。信托业已经不再单纯依赖于"通道"类银信合作业务的粗放式发展，而是积极寻找新的业务增长点，谋取可持续的发展。目前，越来越多的非银行大型单一客户开始以信托的方式进行理财，这也代表高端个人和机构客户对综合化理财要求的提高。

再次，信托公司依然享有独一无二的信托制度优势。即便未来我国资产管理行业的制度最终统一为"信托关系"，信托公司依旧可以运用信托制度进行资产管理,并且还可以在"资产管理功能"之外进一步挖掘信托制度的其他优势。因此,信托公司所谓的"制度红利"并未因大资管时代的到来而完全消失,关键应是看信托公司如何充分利用信托制度的优势,形成其业务发展的新增长极。

最后,无论是与国外大资产管理行业相比,还是与我国银行业的总资产规模比较,目前我国大资产管理行业 28.9 万亿元的资产规模仍然很小,远未达到饱和状态。持续的经济增长,未解决的通货膨胀问题,以及高净值人群的壮大,使得居民的理财需求非常旺盛,大资产管理行业的发展空间仍然广阔。

(二)信托业当前的业务模式面临哪些问题?

我们认为当前信托业的主流业务模式确实存在一些压力与挑战,未来有待改善。

在房地产信托方面,房地产信托业务规模占比已于 2011 年底出现拐点,并呈现出持续下降的趋势。目前,商业银行向信用、资质良好的房地产企业发放贷款已经呈现出放松迹象,将信托公司置于"两难"境地,风险可控和较高收益往往不能两全。因此,未来信托公司应该探寻传统贷款融资模式之外的更多新型房地产信托业务模式,从而更加深入地为房地产行业服务。

在矿产能源方面,由于煤炭等能源行业整体呈现出下行趋势,采矿权证抵押担保难以落实,煤矿等资源整合过程中政策风险难以把握,矿产资源价值认定难度较高,以及煤矿企业实际控制人的真实信用状况难以充分掌控等现实原因,加之业内部分信托公司的矿产能源信托计划出现兑付风险,多数信托公

司对矿产能源信托望而却步。从长期发展来看，此类业务仍有较大市场需求，信托公司应加强自身主动管理能力，努力开创该类信托产品的新蓝海。

就基础设施类信托业务而言，地方政府融资平台公司往往连带着地方政府未来的财政风险，一旦公共债务背负过度，可能导致银行体系、债券市场甚至社会的不稳定，引发系统性风险。另外，由于地方政府财政信息不透明、风险控制措施不完善等问题难以有效解决，此类业务大规模增长所带来的风险也受到了监管部门的高度重视。中国银监会"463号文"出台后，此类业务的开展受到了一定程度的限制，信托公司未来开展此类业务更多只能选择项目本身盈利能力较强，且地方财政收入实力较强的优质项目进行。

就另类投资信托业务而言，如艺术品类、酒类等，由于投资标的在鉴定、交易等方面专业性较强，非常"小众"，所以整体市场规模较小而且难以扩大。

（三）大资管时代的信托业如何发展？

我们认为，信托公司与资产管理行业其他机构深入合作，持续创新，并积极挖掘及有效运用信托制度的其他功能，开辟新型业务模式，是信托公司未来的发展之道。

一方面，合作创新是信托业未来发展的必然趋势。在资产管理产业链中的项目、产品、渠道等不同环节，不同资产管理机构拥有不同的核心竞争优势。由于单个资产管理机构较难在资产管理产业链的所有环节均占据绝对的优势，所以未来各方之间虽存在竞争，但更需合作，合作的创新空间远远大于彼此间的竞争范围。"竞争中合作，合作中竞争"，即所谓"你中有我，我中有你"，应该是未来信托公司与其他资产管理机构之间业务发展与拓展关系的常态。各大资产管理机构的合作应当以客户需求为导向，做好市场细分，创制出真正综合化的合作方案，把银行、证券公司、信托公司、保险资产管理公司及其他资产管理机构的核心优势融合为一体，有效支撑客户事业的全面发展。在立足于自身核心优势的基础上，加强在资产管理业务领域与其他机构的创新合作，将使信托公司在日益激烈的竞争中继续保持相对的竞争优势，并借此继续推动信托业的发展。我国资产管理行业正在经历百家争鸣的黄金时代，各类资产管理机构若能携手创新，彼此融合，共同提升内在能力，资产管理市场的稳健转型与持续繁荣定会为期不远。

另一方面，向多元化功能延伸是信托业未来发展的重要方向。从国外的发展经验看，信托功能是多元化的，当前投资者的理财需求也在向多元化、综合化、个性化的方向发展，但是从目前我国的信托业务来看，信托制度的功能主要体现在资金融通方面，相对而言比较单一。由此可见，我国信托业未来的发展路径也应当顺应该趋势，朝着多元化、综合化、个性化的方向前进。具体而言，信托公司未来在信贷资产证券化、企业资产证券化、房地产信托基金、家族财富管理与公司治理、公益与社会事务管理等业务领域将大有可为。

综上所述，信托的优势在现阶段尚未完全发挥，信托公司在未来应当进一步挖掘信托的各大核心优势，融合各种金融工具，集合优势资源，高效利用信托平台，使信托真正发挥"实业投行"作用，更好地服务于实体经济的繁荣发展。

市场形势篇

Chapter of Market Environment

B.2

群雄逐鹿大资管

课题组

摘　要:

　　随着证券、基金、保险等行业资产管理新政的推出，中国金融市场发展进入了一个全新阶段，资产管理市场正在成为群雄逐鹿的焦点。在资产管理行业新政背景下，信托公司的业务面临着商业银行、证券公司、基金管理公司及其子公司、保险资产管理公司以及期货资产管理公司等多家资产管理机构的围攻。

关键词:

　　银行理财　券商资管　基金管理公司子公司　保险资管　期货资管

一 商业银行：雄霸依旧

观察中国的整个大资产管理市场，首先要关注中国的银行理财，它是主要的资金提供者。银行理财在 2012 年规模仍然快速增大，一个显著的变化是其使用的"通道"数量增加，除了传统的银信理财合作，2012 年，北金所委托债权投资交易业务共完成 5873.58 亿元，2013 年前 3 个月成交 1879.39 亿元。

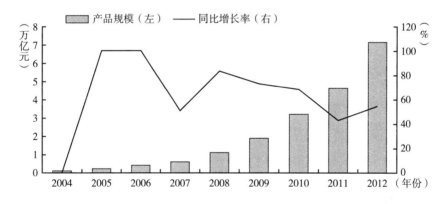

图 1　银行理财产品规模与同比增长率

资料来源：中国银监会，课题组整理。

银行理财业务诞生于 2004 年，在过去的 9 年里，银行通过银行理财产品的发行和与之相伴的财富管理业务增长，推动了自身转型。银行理财产品是在我国利率市场化和资产证券化发展进程缓慢、企业直接融资市场欠发达和投资者投资渠道匮乏的背景下，银行创新的产物。基于银行理财产品之上的银行理财业务则连通了投资与融资，连通了客户的多样化需求与银

行的创新冲动，连通了银行内部全流程再造的各个节点，连通了宏观金融政策与微观行为主体，成为商业银行金融创新的主要领域与发轫之所。

自 2004 年中资商业银行理财产品推出以来，中资商业银行理财业务迅猛发展，规模从无到有，从小到大。截至 2012 年底，商业银行公私理财产品余额达 7.1 万亿元，比 2011 年底的 4.59 万亿元增长约 54.7%，为同期金融机构单位及个人存款余额的 10.55%。银行理财产品已经成为个人投资者资产配置的重要组成部分以及银行零售业务的主要业务品种。

传统银行业务模式必然面临资本充足率与资本收益率的两难选择，以理财业务开拓综合化经营之路，试水资产管理业务是商业银行的必然选择。在社会财富增长、机构与居民投资需求扩展的同时，金融市场工具增加，信息传导过于迅速也使市场的波动性长期存在并加剧，理财投资变得越来越专业，越来越多的居民甚至是养老金管理机构将资产交由专业化的金融机构来管理，投资品市场的参与者从而呈现出"机构化"的特征。商业银行要从靠"借给人钱赚钱"转变为"给人管理钱赚钱"。

尽管 2013 年 3 月 25 日中国银监会下发了《关于规范商业银行理财业务投资运作有关问题的通知》（银监发〔2013〕8 号，以下简称"8 号文"），旨在控制银行理财资金投资非标准化债权资产的规模，但是，"8 号文"出台的目的更多的是规范银行理财业务的发展，而非限制或叫停此类业务。

在大资产管理市场，银行理财依托银行的平台，在网点渠道和基础资产方面具有难以撼动的优势地位。

第一，银行密集的网点渠道是其他机构短期内无法达到的先天优势。目前，我国商业银行的资产管理业务包括传统意义上的个人理财业务、高端客户财富管理业务、企业客户资产管理以及顾问咨询服务。由于银行的资产管理业务推出了从低端到高端的理财产品，客户覆盖面更广。目前，银行在全国拥有近 20 万个网点，可以轻松地从现有客户中开发资产管理业务的客户资源。除此之外，以近 20 万个网点为依托，银行能全面掌握各类客户财产和信用状况。对于知名度不大的项目交易对手，尽管可以通过现场尽职调查等方式进行了解，但是这样的短期调查往往对交易对手的了解是有限的，并且很多更深层次的问题无法通过尽职调查的方式及时发现。而银行凭借网点密集的核心优势，一方面对当地的经济状况更加熟悉，另一方面可以对交易对手的状况进行长期跟踪，因此可以比其他机构更容易掌控交易对手的真实信息。

第二，银行业大量的基础资产是其独一无二的核心优势。截至 2012 年底，银行业总资产规模超过 130 万亿元，具有各类丰富的基础资产，这为今后各大机构合作开展资产证券化业务提供了创新的源泉。目前，银行的大型企业贷款与住房抵押贷款等基础资产已经在前期信贷资产证券化试点阶段被广泛应用，在未来的资产证券化业务中，银行的中小企业贷款、三农贷款、文化创意产业贷款、地方融资平台贷款、保障房贷款以及信用卡贷款等都可作为基础财产进行创新尝试并推而广之。

二　券商资管：快速崛起

随着证券公司创新发展研讨会的召开及其资管业务一系列

新政的推出，证券公司资产管理业务（以下简称"券商资管"）呈现出快速崛起的趋势。以定向资产管理计划为主的"通道"类银证合作业务成为券商资产管理规模增长的最强动力。证券公司资产证券化新规的推出，为券商资管业务创新发展提供了较大空间。

（一）券商资管之新规解读

2012年5月7日，证券公司创新发展研讨会在北京召开。此次会议推出了《关于推进证券公司改革开放、创新发展的思路与措施（征求意见稿）》及一系列规则的征求意见稿。这些"创新纲领"包含了提高证券公司理财类产品创新能力、加快新业务新产品创新进程、放宽业务范围和投资方式限制、扩大证券公司代销金融产品范围、支持跨境业务发展、推动营业部组织创新、鼓励券商发行上市和并购重组、鼓励券商积极参与场外市场建设和中小企业私募债券试点、调整完善净资本构成和计算标准、健全人才激励机制和适当性管理要求等多项举措，以支持证券公司资产管理业务发展创新。

短短数月之后，研讨会提出的"创新纲领"迅速得到了落地实施。2012年10月18日，中国证监会发布实施了新的《证券公司客户资产管理业务管理办法》及配套的《证券公司集合资产管理业务实施细则》和《证券公司定向资产管理业务实施细则》，业内简称"一法两则"。以"放松管制，放宽限制"为主旨的新管理办法对券商资管的审批、投资范围、设计、交易转让等方面进行了"松绑"，将促进券商资管业务快速发展，其主要变化表现在以下几个方面。

第一，券商集合资产管理计划正式由审批制转为备案制。券商集合资产管理计划取消行政审批，改为发行之后5日内向证券业协会备案。审批制改为备案制将大大缩短发行产品的时间，券商可以根据市场变化、不同客户的需求相应地设计不同类别的产品，从而将大大增加集合理财计划的规模。

第二，投资范围扩大，有望提升资产管理产品收益率。根据客户偏好及风险承受能力，对大集合、小集合和定向资产管理区别对待，投资范围逐渐放宽。大集合投资范围增加了银行理财产品；小集合投资范围增加了期货、集合资金信托计划、利率远期、利率互换等银行间市场交易的投资品种。对于定向资产管理，则允许投资者和证券公司自愿协商，合同约定投资范围。同时允许集合资产管理计划和定向资产管理计划参与融资融券交易，并允许将其持有的证券作为融券标的证券出借给证券金融公司。投资范围的扩大，有利于提升券商资管产品的收益率，提高对客户的吸引力。

第三，定向资产管理业务成为券商资管创新的重要通道。新的管理办法将定向资产管理业务的投资范围放松至投资者与券商双方自愿约定的范围，也就是说，定向资产管理业务投资范围基本上不受任何监管限制。这使得券商的定向资管业务具备了类似于信托的功能，能够与银行资金、保险资金等重要资金进行对接，投资灵活，将成为券商资管创新的重要通道。

第四，限定集合资管计划（又称"小集合"）投资范围的放松增强了券商资产管理融资能力。新的管理办法规定小集合可以投向券商专项资产管理计划、商业银行理财计划、集合资

金信托计划等金融监管部门批准或备案发行的金融产品。由于具备允许投资金融监管部门批准或备案发行的金融产品的兜底条款，部分较为激进的券商资管推出的小集合产品甚至开始投向券商自身的定向资管计划。尽管部分地区的监管部门对小集合可以投资券商定向资管计划持保留态度，但总体而言此次新规修改大大增加了小集合投向的灵活性，从而将大大增强券商资管小集合的融资能力。

第五，允许设计结构化分级产品，丰富产品种类。允许对集合理财计划份额根据风险收益特征进行分级，有利于证券公司根据不同客户的风险偏好水平、风险承受能力，设计分级产品，从而丰富产品类型，满足不同层次的客户需求。这将有利于提高券商集合理财计划的规模。

第六，允许集合理财计划份额在投资者之间有条件转让。集合理财计划存续期间，证券公司、代理推广机构的客户之间可以通过证券交易所等中国证监会认可的交易平台转让集合理财计划份额。允许理财产品相互转让，将减少产品大量赎回的概率，保持集合理财计划份额和规模的稳定。此外，该管理办法还允许一些经中国证监会许可的证券公司提供资产托管服务，这将为券商资管业务的创新提供基础。

除此之外，2013年3月15日，中国证监会发布了《证券公司资产证券化业务管理规定》，助推券商专项资产管理业务的发展。尽管此次券商资产证券化新规最终删去了征求意见稿中有关专项资产管理计划属于信托财产的规定，但是新规对券商资管业务创新升级发展仍有极大的促进作用。

首先，新规大大扩展了资产证券化业务深度与广度。原

《证券公司企业资产证券化业务试点指引（试行）》的基础资产范围仅包括"企业资产"，而新规通过列举的方式列明了可以进行证券化基础资产的具体形态。根据新规的规定，企业应收款、信贷资产、信托受益权、基础设施收益权等财产权利，以及商业物业等不动产财产，均可作为证券化的基础资产，为实务操作提供了明确指引。此外，新规还允许以基础资产产生的现金流循环购买新的同类基础资产方式组成专项计划资产。其中，信贷资产、信托受益权与商业物业等不动产财产三大资产类别当属此次新增基础资产的亮点。

其次，新规大大降低了券商开展此类业务的门槛。为使更多证券公司能够开展资产证券化业务，新规取消了有关证券公司评级分类结果、净资本规模等门槛限制，具备证券资产管理业务资格、近一年无重大违法违规行为等基本条件的证券公司均可申请设立专项资产计划开展资产证券化业务。此外，考虑到资产证券化业务过程中，证券公司可以通过有关措施防范可能存在的利益冲突，新规未对证券公司在与原始权益人存在关联关系情况下设立专项计划和担任管理人做禁止性规定。

此次新规强化了券商专项资产管理计划的流动性安排。新规第六条允许资产支持证券按照规定在证券交易所、中国证券业协会机构间报价与转让系统、证券公司柜台市场，以及中国证监会认可的其他交易场所进行转让。此外，还允许证券公司为资产支持证券提供双边报价服务，即证券公司可以成为资产支持证券的做市商，按照交易场所的规则为产品提供流动性服务。符合公开发行条件的资产支持证券，还可以公开发行，并可以成为质押回购标的。

（二）券商资管之快速发展

随着证券公司创新发展研讨会的召开及资管新政的推出，证券公司的资产管理业务在短短一年多时间内取得了井喷式的发展，受托管理资产规模从 2011 年底的 2818 亿元迅速增至 2013 年 3 月底的 2.83 万亿元，较 2011 年底增长了 9 倍，2012 年受托客户资产管理业务净收入 26.76 亿元，较 2011 年增长了 26.64%。

目前，在券商开展的资产管理业务中，与银行合作的"通道"类"银证合作"业务占据了很大比例（见图 2）。据统计，券商定向资管业务从 2011 年的 48 家发展为 2012 年的 83 家，管理定向资管产品的规模从 2011 年的 1035.8 亿元发展为 2012 年的 16847.3 亿元，相比于 2011 年增加了约 15 倍，平

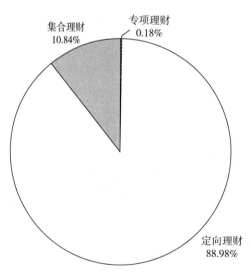

图 2　2012 年底券商资管业务分类占比

资料来源：中国证券业协会。

均每家证券公司管理的定向资管计划的规模相比于 2011 年增加了 6 倍之多。由于券商此类业务收取的佣金费用率极低（不足 1‰，极端情况下个别券商甚至通过免费的模式招揽业务），信托公司近几年的主营业务之一——"银信合作"业务的市场份额正被券商的"银证合作"业务大大侵蚀。

然而，券商资产管理业务对信托公司的挑战并不仅仅局限于对传统信托业务的简单复制。尽管规模占比较少，但是不少证券公司开始尝试通过专项资产管理计划的形式开展企业资产证券化业务。以结构化融资的模式，支持实体经济发展。从 2012 年券商资管新政开闸实施以来，多家券商的专项计划得到批复实施。其中包括：中信证券的远东租赁二期、南京公用控股污水处理收费收益权专项、华侨城欢乐谷入园凭证专项、债券分级专项；招商证券的澜沧江二期水电收益专项；国泰君安的隧道股份专项；除此之外，还有浙商证券聚银一号专项、华泰证券的资券通等。随着 2013 年《证券公司资产证券化业务管理规定》的颁布实施，券商专项资产管理业务朝"常规化"的方向转型，从而成为券商资管业务满足实业领域各市场主体融资需求的重要方式。

（三）券商资管之核心优势

与金融行业其他资产管理机构相比，证券公司有着许多独特的优势，其中最为核心的优势主要为投行客户与项目资源优势、经纪业务渠道优势、投资顾问团队优势。

1. 大中型机构客户与项目资源优势

券商通过多年承销和发行股票、债券，掌握着大量大型和

中型机构投资者与项目资源。证券公司有专门的投资银行团队，专注于一级市场的企业投融资需求。此前，由于证券公司开展融资类业务受到较多限制，投行业务部门会倾向于将客户介绍到信托公司。随着资管新政的推行，投行部门目前可以直接将项目转到证券公司资管部门来融资。事实上，由于相关监管部门对IPO审批的严格限制，当下券商投行业务并不十分景气，从而导致不少券商投行团队的成员直接转投资产管理部门，其所拥有的客户与项目资源优势也随之转移到资产管理业务。券商融资性业务进一步放开以后，证券公司即拥有了从一级市场到二级市场完整的业务链条，能够实现项目的主动管理，包括项目开发、尽职调查、产品分销、风险管理等。通过部门间的协作，提供客户一揽子投融资服务，并能够根据客户需求进行个性化的服务合同设计，客户管理能力将会极大地提升，这是当前一般信托公司较难实现的。

2. 经纪业务渠道优势

券商的经纪业务团队已经拓展出了较为强大的产品营销渠道。目前，信托公司的信托产品往往需要依靠银行、第三方理财机构以及券商代销，能够完全通过自身财富管理团队独立自主销售的信托公司并不太多。然而，券商在客户关系管理上，一直都是以自己的经纪业务团队来开拓和维护，而不是通过代销机构，相对于信托公司具有较大优势。随着资管新政的推出，券商资管业务能够提供的资产管理计划更为丰富，这将进一步推动券商经纪业务的开展。除此之外，券商针对高端投资者的小集合产品对100万~300万元投资者数量的上限为200人；而信托公司与此类似的集合资金信托计划却受到50人名额的限制。并且，券商也可以通过小集合等资产管理计划的自主发行，提升自身在客户中的品牌影响力。

3. 投顾团队优势

券商还拥有大批素质较高的投资顾问团队。首先，证券公司的投资顾问人数规模较大。根据证券业协会统计，证券行业注册从业人员数量已达到 24.5 万人，其中，投资顾问超过 2.3 万人。由此可见，券商仅投资顾问的人数几乎就是信托行业从业人数的两倍。其次，券商的投资顾问具备较为专业的投资能力。证券公司在投资研究上的实力，不仅可以直接服务于其资管业务的投资决策，还可以促成其资管业务与私募基金、保险等机构的合作，将经纪业务的客户转化到资管业务上来。目前，已有私募基金希望能够从信托"改道"与券商资管合作，这样便可以一并获取证券公司的投资咨询服务，降低私募基金的运行费率。

三　基金管理公司子公司：全面信托化

2012 年 6 月 7 日，在中国证券投资基金业协会成立的大会上，时任中国证监会主席的郭树清发表了题为《我们需要一个强大的财富管理行业》的讲话，鼓励基金管理公司创新发展。新成立的"中国证券投资基金业协会"将其英文名称译为 Asset Management Association of China，也体现了基金管理公司意图在资产管理行业大展宏图。2012 年 6 月 20 日，中国证监会发布的《证券投资基金管理公司管理办法》及其配套规则修订草案公开征求意见稿，首先从基金公司的股权结构、

内部治理等整体架构方面对基金公司进行规范。该办法于
2012 年 9 月 20 日以中国证监会 84 号令的形式正式发布。2012
年 6 月 29 日，中国证监会就修改《基金管理公司特定客户资
产管理业务试点办法》及其配套规则向社会公开征求意见，
并于 2012 年 9 月 26 日正式发布。2012 年 10 月 31 日，中国证
监会还配套发布了《证券投资基金管理公司子公司管理暂行
规定》，允许基金公司在境内设立子公司，从事资产管理业
务。如果说券商资管业务管理办法的出台是对券商新业务的拓
展，同时也是对券商传统资产管理业务自身的松绑，那么
《基金管理公司特定客户资产管理业务试点办法》的出台主要
是模仿信托模式对基金公司的业务进行全方位拓展，而对于基
金公司传统业务，该管理办法没有过多涉及。本管理办法的最
大亮点就是大大放宽了基金公司的业务范围，允许基金公司通
过设立子公司投资未在证券交易所交易的股权、债权及其他财
产权利。

随着资管新规的推出，基金管理公司子公司的核心优势在
于同时拥有宽松的监管环境、出众的资产配置能力、强大的投
研团队、成熟的客户群体四大优越条件。纵观当今中国资产管
理行业，各大机构或多或少能够部分拥有上述四大优势，但是
很少有资产管理机构能够独揽这四大优势。

1. 宽松的监管环境

中国证监会对基金管理公司子公司开展专项资产管理业务
寄予了厚望，将其定位为"推动我国经济结构调整、为居民
提供财富管理"的重要工具，对它的监管政策目前也较为
宽松。

相比于银行理财、券商资管、保险资管而言，基金管理公司子公司的专项资产管理业务具有更加宽泛的投资范围，新规允许其投资于金融市场之外的非标准化股权、债权、其他财产权利和中国证监会认可的其他资产。因此，基金可以投资于实体经济的不同领域和不同企业，投资于实物资产，成为对接企业融资和民间资本投资的投融资平台，既能更好地进行资源配置，为实体经济服务，又能满足投资者的理财需求。

相比于信托产品，监管层对基金管理公司子公司的专项资管业务目前几乎没有太多的约束和限制。对于此次新规修改的说明，中国证监会也明确表示，拟在严格执行合格投资人制度的前提下，为基金管理公司子公司开展特定资产管理业务创造相对宽松和公平的监管环境。这无疑与当前中国银监会对信托业务"刚性兑付"的隐性监管要求截然不同，基金管理公司子公司完全可以在谨慎尽职的前提下更好地发挥受托人职责，将信托可以与人类想象力相媲美的应用范围拓展到极致。

2. 出众的资产配置能力

基金管理公司长期深耕于资本市场，对股票和债券市场的各类资产配置经验较为丰富，具备较强的组合投资能力，这是基金管理公司子公司可以借助的巨大优势。

传统信托业务模式往往是资金一次性募集完成，投放标的在信托设立之初就已明确，派生的运营管理也比较简单，从项目投放、风险控制、合规审查、估值清算、收益分配等一系列的环节、目标都比较单一、静态，确定性较强。典型的基金运作动态变化较大，相对也比较复杂：资金的来源往往不是一次性的，基金设立之时往往并不确定基金的最终规模；基金是组

合投资，资产类别和期限会有多样化的配置。相应的，基金的运营管理复杂度较高，项目投放、风险控制需要有一个完整的投资策略，基金净值变化较频，不确定性较大。向基金化模式转型是信托产品未来发展的重要方向之一，基金管理公司由于具备出众的资产配置能力，能够娴熟地运用各类投资策略，在此类业务开展方面具有较强的竞争力。

3. 强大的投研团队

基金公司历来重视研发工作，通过长期的实践，积累和培养了大量的高素质投研人员，这也为基金管理公司子公司的业务拓展提供了强大的支撑力量。

从国外顶尖资管机构的发展情况看，投研部门的实力是一家资产管理机构最核心的竞争力。这样的判断标准，在我国基金行业内部同样适用。例如，华夏基金作为公募基金领域的领头羊，其投研能力也首屈一指。首先，华夏基金拥有庞大的投研团队，170多人的投研团队当之无愧为业界第一。其次，华夏基金对细分行业研究深入。在170多人的投研团队中，140位研究员的基本分工是走策略小组方式，按行业分类。最后，充分发挥协同效应，为了促进内部和外部研究成果有效转化为投资决策，华夏基金在行业研究员和基金经理之间设置了策略研究组，主要是为了提高研究成果的吸收转化效率，从而提高投资研究的整体绩效。

除了华夏基金这样的大型基金公司外，易方达等中小型基金公司同样对投研团队的建设给予高度重视。易方达拥有71位投研人员，其学历都是硕士及以上，且不少具有复合专业背景，据报道，71位投研人士具有复合专业背景的占47.06%，其中具有理工科背景的占 52.94%。

4. 成熟的客户群体

基金资管业务聚集了大批真正的合格投资者人群，这是基金多年业务积累的宝贵资源与核心优势。尽管近年来由于资本市场行情的不景气，部分基金的投资者流失到其他机构，但是仍有一大批投资者对基金公司的专业管理能力表示认可，即使由于外部市场的下行导致基金业绩的亏损，他们依旧愿意承受这样的投资风险。尽管其他机构近年来也吸引了不少高端客户，但真正具备"买者自负风险"意识的投资者并不太多。信托公司等资管机构为了向创新领域转型发展，正逐步开展投资者教育，培养投资者的风险意识，但这仍然需要较长时间。相比而言，基金管理公司的成熟客户群体基础使其在未来创新业务开展方面更加游刃有余。

基金管理公司若能将以上四大优势充分整合，融会贯通，将拥有无比广阔的发展空间。而这对信托公司未来业务的开展将形成极大的竞争挑战。

不过，从目前市场运行情况看，基金管理公司子公司尚未对信托公司的业务造成非常明显的冲击。这或许与基金管理公司子公司当前所面临的相对陌生的环境有关，其主要面临的困难体现在以下几大方面。

1. 激烈的市场竞争环境

截至 2013 年 4 月底，信托行业受托管理资产规模达 9.23万亿元，从规模看，信托业已经崛起为中国第二大金融行业。近年来信托行业的快速发展在很大程度上与相对宽松的市场竞争环境有关。

一方面，中国银监会对信托牌照的审批发放异常严格，信托行业牌照短期内不会增加，新设信托公司带来的行业竞争性相对较小；另一方面，过去几年，商业银行的资产管理业务基本上被局限在货币市场范围之内，证券公司的资产管理业务被局限在资本市场范围之内，基金管理公司的资产管理主要被局限在资本市场上的公募证券投资基金范围之内，而保险资产管理的资产范围则被严格局限在保险资金的范围之内。因此，过去几年，信托行业所遇到的竞争性挑战还不明显，信托业在自己特有的细分市场依靠制度红利，还能够比较轻松地延续自身快速增长的模式。

然而，目前基金公司却难享信托公司过去几年的宽松竞争环境。尽管"专项资产管理计划"的开闸为基金公司自身带来了一片广阔的蓝海，但是基金公司此时却将面临资产管理行业各大机构之间的激烈竞争。首先，信托公司随着近年来的快速发展已经具备较强的竞争力；其次，商业银行开展理财业务具备先天的渠道优势；再次，此次资产管理行业各大机构新政的推出，同样放松了证券公司以及保险资产管理公司开展资管业务的限制。另外，近70家基金管理公司在行业内部的竞争也异常激烈。2012年11月下旬，工银瑞信、平安大华和嘉实3家公司率先拿到批文；12月中旬，方正富邦、长安、华夏、博时4家的子公司相继获批；2013年1月中旬，鹏华、天弘、富安达、红塔红土、兴业全球5家公司再获批文；随后，万家、东吴、民生加银、泰信、国金通用、华宸未来、德邦、招商基金的子公司也陆续获批。

综上所述，基金管理公司子公司如今已经面临较为严峻的竞争挑战，如何在群雄逐鹿的资产管理市场打造自身的核心竞争力，是基金管理公司子公司未来发展的关键所在。

2. 不确定的宏观经济背景

信托公司能在过去几年时间飞速发展，不仅仅依靠宽松的市场竞争环境，也与我国经济的高速增长息息相关。

过去近 10 年时间，伴随着中国经济的高速增长，房地产行业迎来了迅猛发展的黄金机遇期。尽管曾经在短期内受制于全球经济危机的影响，但是由于政府 2009 年 4 万亿元政策的出台，房地产行业始终保持着爆发式的增长。过去几年，信托行业抓住了房地产市场飞速发展的机会，结合自身制度的优势，获取了超额的投资收益，赢得了委托人（投资者）的信任。然而，随着最近一年多来中央控制房价上涨的宏观调控措施陆续出台，加上国内外经济环境的恶化，房地产行业的发展受到了很大影响。

除了房地产市场外，PE 行业近期的投资环境也不景气。投资者"散户化"、资金"热钱化"使得投资成本逐步抬高。与机构投资者相比，这部分资金的抗风险能力较差，投资周期短但要求回报率较高，这直接导致了"PRE－IPO"模式盛行，哄抬价格的情况屡见不鲜。近两年来的"全民 PE 时代"已经将 PE 行业变成了一片红海。随着二级市场持续低迷，IPO 明显降温，VC/PE 机构的投资回报率大幅下滑。进入 2013 年，行业募资、投资活跃度出现明显下滑，中国 PE 行业发展前景较为艰难。

如今，尽管基金管理公司子公司可以通过"专项资产管理计划"向实业领域投资，但是已经难以复制信托公司过去几年仅靠粗放式投资就能获取超额收益的辉煌。预计近期国内外经济环境仍难有较大改观，我国经济增速相对于过去几年放缓乃大势所趋。在新一届政府领导下，我国经济工作的重点可能是加速经济结构调整，实现转型发展。未来基金管理公司子公司，以及整个资产管理行业都将面临一大重要课题：如何在我国经济结构转型调整过程中，捕捉到下一个历史发展机遇。

3. 风险自担与"刚性兑付"的两难选择

"刚性兑付"监管机制对信托行业的发展而言可谓一把"双刃剑"。一方面，"刚性兑付"的隐性监管要求使得信托公司原本承担的受托理财义务转化为资金支付义务。在此种约束条件下，信托公司必然要求资金使用者提供抵押、质押、保证、回购承诺等来转移投资风险，这在一定程度上束缚了信托产品的大胆创新发展。另一方面，信托行业的规模迅速扩大很大程度上应当归功于"刚性兑付"机制的保障。在隐性"刚性兑付"的监管要求下，信托公司通过各种管理手段，严格控制各类项目的风险发生，多年以来长期保持零违约率，赢得了广大高端投资者的普遍信任。

与信托公司的客户相比，基金公司的投资客户群体相对更为成熟，均为愿意自担投资风险的"合格投资者"。没有"刚性兑付"机制的监管约束，基金管理公司在一定程度上反而比信托公司更能体现受托人的角色，这也是信托公司未来发展的方向之一。但是，也正是由于没有"刚性兑付"机制的监管约束，加上国内外资本市场的不景气，基金公司推出的资产管理计划不仅收益率比信托计划低，有不少基金资管产品还出现了亏损的现象。这使得过去几年大量高端投资者被迫离开基金资管市场，选择购买收益更高、风险更有保障的信托产品。

如今资管新政的推出，在投资者教育方面，基金管理公司将面临两难抉择。如果仍然选择保持风险由"买者自负"的方式教育投资者，当前的大多数客户仍然会选择有"刚性兑付"保障的信托产品。如果选择向投资者做出"刚性兑付"的承诺，一方面与当前监管政策相冲突，可能面临合规风险；另一方面如果真正出现不能按期兑付的情形，可能受到更多投资者的质疑和谴责。而且即使某些基金管理公司子公司能真正履行谨慎投资的受托人义务，避免项目风险的发生，也不排除受到行业内其他基金管理公司子公司风险的牵连。

4. 短期内管理资产规模难以做大

在资产管理行业，资产管理规模大小在很大程度上决定了该金融机构在行业的地位。"先做大，再做强"的成长路径符合资产管理机构的发展逻辑。但是，截至 2013 年 4 月底，基金公司 3.7 万亿元的资产管理规模已经远远落后于信托、保险以及银行理财。如果除去公募基金管理的 2.8 万亿元，非公募基金资产管理业务尚不足 1 万亿元。这样的规模也远远落后于券商资管至 2013 年 4 月底的 3.13 万亿元的规模。过小的资产管理规模，将严重影响基金公司在资产管理行业的地位，也将影响未来基金公司在资产管理行业的发展。

但是，基金管理公司如果想通过开展通道业务提升资产规模，却并不容易。一方面，随着券商"通道"类资管业务的大规模开展，银监会已经出台包括"8 号文"在内的相关政策，以控制银行表外业务的风险；另一方面，在原来的银信理财合作业务中，信托公司仅仅收取较低的"通道费用"，而如

今在银证合作中，券商更是几乎把这样的"通道费用"降低至极低标准，基金管理公司子公司要想大规模开展此类业务，其空间已经非常有限。

5. 股东背景影响基金资管业务创新

股东背景一直是影响基金行业发展的重要因素，而在资产管理行业混业竞争的背景下，股东背景对基金管理公司资管业务的创新开展可能带来更大影响。

按照目前大约 70 家基金管理公司的股东结构划分，券商系基金公司过半，如华夏、易方达、博时、广发等大型基金公司的第一大股东均为证券公司。除了券商控股外，目前国内包括中国工商银行、中国建设银行、中国农业银行、中国银行等各大商业银行多数拥有基金管理公司子公司，而嘉实、大成、华安和上投摩根等基金公司，股东背景则是国内的几家信托公司。

由于股东来自其他资管行业，母子公司之间难免会产生利益冲突。

不过，如果能够平衡好双方之间的利益关系，寻找优势互补的机会开展创新业务，对彼此而言将是双赢的发展机遇，也能更好地推动资产管理行业的发展。

6. 实业领域投资经验不足，团队欠缺

除了上述外部条件给基金管理公司在实业领域创新发展带来巨大挑战外，在实业领域投资的经验不足、团队欠缺更是制约基金管理公司子公司在实业领域创新发展的瓶颈。

基金管理公司子公司开始介入类似于信托的资产管理领域，其市场、经验、人才、行业成熟度等方面均面临严重短缺，监管体系也比较粗放。因此，基金管理公司子公司要想拓展实业领域业务，需要着力加强人才引进工作，构建投资管理团队，制定风险管理制度，等等。

7. 盲目扩张，可能陷入多元化陷阱

中国证监会前任主席郭树清提到，"我国的财富管理行业在总体上还处在幼年时期"。目前的状况是，一个尚处于幼年的行业，在走过了一条相对笔直的道路后，突然来到一个大广场，广场连接着许多条道路，走哪个方向都是可能的，但也都会对基金管理公司子公司已有的知识和能力提出巨大挑战。可想而知，无论选择哪一个方向去尝试、摸索，都需要认真思考、仔细评估、慎重选择。基金管理公司子公司如果当前盲目扩张，就有可能陷入多元化陷阱，甚至使基金公司的主业受到牵连。

四 《基金法》修订与公募基金资格扩容

2012年12月28日，第十一届全国人大常委会第三十次会议审议通过了修订后的《中华人民共和国证券投资基金法》，并于2013年6月1日正式实施。在全新的制度体系下，基金业迎来了一个全新的时代。与此同时，此次修法也吹响了资产管理行业制度变革的号角，具有划时代的历史意义。总体而言，新《基金法》在内容层面主要体现出三大重要变化：公募扩容、私募入法、放开管理层持股。

第一，参与机构多元化，公募基金管理人资格大幅扩容。新《基金法》第12条规定："基金管理人由依法设立的公司或

者合伙企业担任。公开募集基金的基金管理人，由基金管理公司或者经国务院证券监督管理机构按照规定核准的其他机构担任。"此条的修订为除了基金公司以外的其他金融机构参与公募预留了法律空间，公募基金的业务由基金管理公司垄断的局面将被正式打破。2013年2月18日，中国证监会颁布并实施的《资产管理机构开展公募证券投资基金管理业务暂行规定》进一步落实了以上条款，允许开展公募基金业务的机构队伍扩展到了证券公司、保险资产管理公司和私募证券基金管理机构。如此一来，基金市场的机构和业态更加丰富，之前依赖的牌照管制等政策红利将不复存在，真正的市场竞争将开始。

不仅如此，新《基金法》的颁布实施也使得某些资产管理机构原有的业务模式发生重大改变，部分传统业务的开展受到限制。例如，根据中国证监会2013年3月15日发布的《关于加强证券公司资产管理业务监管的通知》："按照新基金法，投资者超过200人的集合资产管理计划，被定性为公募基金，适用公募基金的管理规定。因此，2013年6月1日以后，证券公司不再按照《管理办法》的规定，发起设立新的投资者超过200人的集合资产管理计划。"由此可见，随着新《基金法》的正式实施，券商资管原有的大集合资产管理业务将不得再开展。

公募的扩容使得券商、保险资管险资、私募机构跃跃欲试闯入公募领域，金融机构和民营机构均可以发行公募，成为公募的管理人。原来公募基金业务大约有70余家公司参与，上千只公募基金产品，而在6月1日新《基金法》实施后，数量将可能大幅增加。对投资人来说，可选择的公募基金数量增加，其权利可能得到更有效的保护；对市场来讲，机构交锋格局会重构，未来的竞争态势势必会发生变化。在目前的背景下，大型券商的综合实力更胜一筹，保险资管的客户优势更加明显，私募机构的明星效应更为突出，一旦公募基金管理人资格的门槛被削平、制度束缚破冰，接下来各个机构之间必然将重新进行自我定位与自我突破。只有体现出差异化投资管理能力的资产管理机构，才能够抢夺证券投资基金行业的市场份额。

第二，进一步丰富了基金的形式，将非公募基金纳入监管。新《基金法》单独设立第十章，用十条法文专门对非公开募集基金进行了阐述。第90条规定，"担任非公开募集基金的基金管理人，应当按照规定向基金行业协会履行登记手续，报送基本情况"；第93条规定，"非公开募集基金，应当制定并签订基金合同"。这意味着"基金管理人"不仅包括公募基金管理人，也包括私募基金管理人，公募管理人资格经证监会核准取得，而私募管理人资格经基金业协会登记取得，私募基金正式告别了以往"监管真空"时代，被纳入了监管体系。其实，将非公开募集基金纳入调整范围，在一定程度上也属于"扩大了公募基金管理机构的范围"，它对证券投资基金及我国资产管理行业的发展都有着深远影响。在此之前，由于法律没有给予私募股权基金明确的法律地位，导致其活动良莠不齐，不合规的经营活动屡见不鲜。将私募的地位用法律条文的形式明确下来，一方面，透明化的管理能够让长期潜水作业的私募基金浮出水面，有利于行业沿着正确的轨道运行，可以激发从业人员的热情和干劲，今后私募的发展速度应当会大大加快；另一方面，可以促使追求绝对收益、机制灵活的私募基金这条"鲶鱼"提高其自身业务能力，以更好的备战姿态闯入

公募基金，为目前陷入僵局的公募基金池注入活水。

第三，允许基金管理人通过专业人士持股等方式，为人才激励机制留下创新空间。新《基金法》第18条规定："公开募集基金的基金管理人的董事、监事、高级管理人员和其他从业人员，其本人、配偶、利害关系人进行证券投资，应当事先向基金管理人申报，并不得与基金份额持有人发生利益冲突。"这意味着基金经理等从业人员只需要报备即可进行股票投资。从前，公募基金是私募人才的培养摇篮，明星基金经理由于受到诸多限制，业绩较好但是收益不多，往往从"替别人打工"的公募转到"替自己打工"的私募。放开从业人员炒股，可以巩固公募基金公司的作用，在一定程度上还可能降低"老鼠仓"行为发生的概率。

综上所述，新《基金法》的出台之所以具有划时代意义，不仅是因为其促使市场机构和业态更加丰富，有利于吸收更多社会闲散资金，为基金业和资本市场发展注入活力，更重要的是在于新《基金法》在一定程度上从法律层面打破了"分业经营，分业监管"的限制，这为以后通过《信托法》的修改来统一资产管理行业法律关系做了很好的铺垫。

五 保险资管：守望第三方

2012年，中国证监会马不停蹄地推进券商和基金的创新业务发展，中国保监会也不甘寂寞，出台的政策主要集中在两个方面：一个是保险资金的运用，另一个是保险资产管理公司的业务发展。

2012 年 10 月 20 日，中国保监会发布了《关于保险资金投资有关金融产品的通知》，规定保险资金可以投资境内依法发行的商业银行理财产品、银行业金融机构信贷资产支持证券、信托公司集合资金信托计划、证券公司专项资产管理计划、保险资产管理公司基础设施投资计划、不动产投资计划和项目资产支持计划等金融产品，并对各项投资标的进行了详细说明（见表 1）。

表1　保险资金投资各金融产品的相关规定

类别	单一投资比例限制	合计投资比例限制
理财产品	投资单一产品的金额不高于该产品发行规模的 20%	投资理财产品、信贷资产支持证券、集合资金信托计划、专项资产管理计划和项目资产支持计划账面余额合计不高于该保险公司上季度末总资产的 30%；
信贷资产支持证券		
集合资金信托计划		
专项资产管理计划		
基础设施投资计划		
不动产投资计划	投资单一产品的金额不高于该计划发行规模的 50%	投资基础设施投资计划和不动产投资计划账面余额，合计不高于该保险公司上季度末总资产的 20%
项目资产支持计划		

2012 年 10 月 22 ~ 23 日，中国保监会连续发布了四个文件，即《保险资金参与股指期货交易规定》《保险资金参与金融衍生产品交易暂行办法》《保险资金境外投资管理暂行办法实施细则》和《基础设施债权投资计划管理暂行规定》，对保险资金投资股指期货、远期与期货等金融衍生品、境外投资以及基础设施债权投资做了具体规定。

2013 年 2 月 17 日，中国保监会又发布了《关于保险资产

管理公司开展资产管理产品业务试点有关问题的通知》，文件规定保险资产管理公司可以自己担任受托人，向委托人募集资金，投资于银行存款、股票、债券、证券投资基金、央行票据、非金融企业债务融资工具、信贷资产支持证券、基础设施投资计划、不动产投资计划、项目资产支持计划及中国保监会认可的其他资产。从文件规定可以看出，保险资产管理公司作为受托人，进行保险资产管理的投资范围较小，没有出现未上市的股权、债权及其他收益权，投资标的主要是市场上成熟的金融产品。而2013年2月28日，中国证监会发布了《资产管理机构开展公募证券投资基金管理业务暂行规定》，允许符合条件的保险资产管理公司参与公募基金业务。可见，保险资产管理公司也开始向资产管理行业全面进军。

值得注意的是，保险投资新政也拆除了保险资管长期封闭发展的篱墙，保险资产管理公司也将借机逐步突破保险资管的行业局限，由原先单一的买方附庸角色，转变为真正的第三方资产管理机构。其实，保险资产管理公司开展资产管理业务同样有几大独特的优势。

首先，保险资产管理公司可以充分利用保险行业独一无二的风险分散能力。从长期来看，保险产品仍将回归风险分散的"保险"实质，这也是保险产品的排他性竞争力。不论是从国际成熟保险市场的发展，还是从目前大型国内保险公司的认识上来看，着力发展传统型保险，加强民众的"保险"意识，都是未来保险产品的发展方向。让保险回归"保险"，才能真正发挥保险理财产品的社会功能，实现保险产品的排他性竞争力。与基金、证券公司相比，保险资产管理公司风险分散能力的独特优势主要体现在两方面：一是大类资产配置能力，二是固定收益的配比优势。在收益—风险匹配及久期策略上，保险资产管理公司相比于其他机构存在较大优势。

其次，保险资产管理公司拥有行业基础雄厚的资金来源优势。截至 2012 年底，保险行业资产管理规模仍然达到了 7.35 万亿元，与信托业同期的 7.47 万亿元非常接近。这在很大程度上可以归因于保险公司牢牢掌控了养老金、企业年金、住房公积金等大型机构客户，具备基础雄厚的资金来源优势。

另外，保险资产管理公司还可以借助保险公司形成的强大营销网络，推动自身产品发行。截至 2011 年底，保险行业已拥有 334 万营销员，其中寿险 291 万人，其产品营销能力是唯一能与银行渠道相媲美的资管机构，对二、三线城市和社区的渗透能力也很强。过去，保险营销员主要只负责代销保险产品，随着如今保险资管新政的推出，代销其他机构金融产品已经成为可能，保险公司营销网络的优势可能得到进一步提升。

不过，保险资管的第三方理财业务还有很长一段路要走。目前，在保险资产管理机构管理的资金中，来自第三方机构的尚不足 20%，依旧以服务保险资金为主。而监管层目前的基调更多的是保险资管服务主业，淡化第三方业务。但可以预见的是，在资产管理行业的融合趋势下，这种明显带有领域色彩的机构将逐渐脱帽融入。只是由长期既有领域特色而成就的业务特色，也将成为其未来竞争的优势。据媒体报道，监管层也有所放松，随着资产管理产品和资产管理的方式逐步脱离保险母体走向业外，对保险资产管理公司实行净资本约束将是未来的监管方向。

六 期货资管：小荷才露尖尖角

中国证监会正式发布的《期货公司资产管理业务试点办法》于 2012 年 9 月 1 日起正式施行，标志着期货公司开展资产管理业务正式开闸。据此，期货公司可以接受单一客户或者多个客户的书面委托，运用客户委托资产进行投资。随后，中国证监会又发布了《期货公司单一客户委托资产管理业务工作指引》，上海期货交易所也发布了配套的《上海期货交易所期货公司资产管理业务客户入市操作指引》，中国期货保证金监控中心下发了《特殊单位客户参与期货公司资产管理业务统一开户问题解答（征求意见稿）》。根据中国证监会期货监管部的披露显示，《期货公司资产管理业务管理办法》及其配套政策的出台，是在借鉴证券公司、基金公司等其他金融机构的业务经验，坚持风险可控、加强监管的前提下，发挥期货公司在衍生品领域的管理经验，壮大我国的期货市场。这也意味着期货公司将有机会与保险、证券、基金以及信托等金融机构"分食"国内市场快速增长的财富管理"蛋糕"。

因此，期货资管可以发挥其在衍生品市场领域的专业特长和比较优势，填补市场服务空白，提供以期货对冲和套利为主的资产管理服务，满足各类投资者的多元化投资需求。不过，期货公司由于其参与客户群体较少，社会认知度较低，其参与资产管理业务的发展前景还有待观察，但目前至少已经有机会参与资产管理行业这场变革。

B.3
大资管时代到来的原因

课题组

摘　要：

　　大资管时代到来有其内在逻辑。首先，资产管理行业的兴起符合投资理财市场中投资者、融资方以及资产管理机构自身等多方利益者的真实需求。其次，近年来信托业规模的高速增长与业务的大量创新，为其他金融同业机构开展"类信托"业务起到了积极的示范效应。最后，资产管理业务也在一定程度上满足了各大金融机构亟须转变盈利模式的巨大需求。因此，政府部门出台相关政策是金融行业发展到目前这个阶段的必然，只不过这个必然恰巧集中发生在2012年。

关键词：

　　大资管时代　市场需求　示范效应　战略转型

一　投资理财市场的真实需求

大资管时代到来最主要的原因在于，资产管理行业的兴起符合投资理财市场中投资者、融资方以及资产管理机构等多方利益者的真实需求。

1. 大资管时代的到来符合投资者投资理财的需求

改革开放之后，居民财富快速增长。中国的城镇居民人均可支配收入从 1978 年的 343.4 元增加至 2012 年的 24565 元，增幅超过 70 倍。2000 年之后，资产（如房产等）价格增长带来的财富效应更为显著。但在很长一段时间，储蓄存款几乎是中国居民财富保值增值的唯一手段，储蓄率偏高也从根本上造成了市场利率偏低的局面。

2003 年之后，中国的通货膨胀进入较高水平。从美国的情况来看，正是 20 世纪 70 年代的通货膨胀高企催生了财富管理业的兴起。中国的情况同样如此，财富管理业在 2004 年和 2005 年兴起，并在 2007 年和 2008 年呈现出爆发式增长。通货膨胀一方面使资产价格普遍上涨，人们感觉"更加有钱"；另一方面也使货币的购买能力下降，人们感觉"钞票发毛"。2000 年之后，扣除通货膨胀因素之后的实际存款利率在几乎一半的时间里为负，也就是说，储蓄存款基本起不到保值的作用。在这种背景下，人们必然寻找相对于储蓄存款回报更高的投资渠道。

随着社会财富的增加，投资人的投资意识也逐渐增强。无论是个人还是机构，实现资产的保值增值，使资产能够跑赢物价水平，成为大家普遍关心的问题。无论是近年来各种炒房、炒矿，还是 2007 年的全民炒股，2012 年出现的炒大蒜、大豆等，都反映了居民投资意识的逐渐增强。此外，2007 年以前，投资对绝大多数中国人来说是个空白，投资意识薄弱。2007 年，疯狂的股市让全国人民认识了股票市场，从那时起，买卖股票成为多数人心中资产管理的代表。但 2008 年以来，低迷的股市让人们开始寻找新的货币保值增值的金融产品，从而导致最近几年银行理财、信托产品等偏固定收益类的金融产品的爆发式增长。

事实上，投资者对偏固定收益类金融产品的需求，也与多数投资者风险厌恶型的投资偏好有关。根据诺贝尔经济学奖得主 Maurice Allais 提出的 Allais 悖论，人在做出决定时，对结果确定的现象过度重视。例如，在选项 A 确定的 3000 元收益与选项 B 以 80% 的概率产生 4000 元收益、以 20% 的概率产生 0 元收益之间，大多数人偏向于选项 A（见表 1）。

表 1　Allais 悖论案例

A		B	
奖金(元)	概率(%)	奖金(元)	概率(%)
3000	100	4000	80
		0	20

因此，左右人们风险决策的往往不是最大限度地追求某种形式的期望值，而是在引入风险因素的考量上考虑备选选项之间的优劣。中国居民的资产在存款和货币市场的占比为 70% 左右，说明我国投资者风险偏好以稳健型为主。在风险极低的传统储蓄、国债等金融产品收益率偏低，而股票、民间融资、地下钱庄等可能获取较高收益的投资手段风险又明显偏高时，以信托产品为主的各类理财产品恰能满足广大投资者的理财需求。如图 1 所示，目前，在我国金融市场中，一年期国债收益率和一年期定期存款收益率在 3% 左右，温州一年期民间借贷综合利率在 20% 左右，一年期信托产品预期收益率一般在 8%

左右（见图1）。从中可以看出，信托收益率既不像民间借贷那么高，也不像强制储蓄利率那么低。因此，在大资管行业中，以信托为主的各类资产管理产品具有"较高收益，较低风险"的特征，最大程度上顺应了投资理财市场的真实需求。近年来，媒体时常报道的银行理财产品需要排队购买、信托产品常被"秒杀"等投资饥渴现象，就是对这一原理的生动诠释。

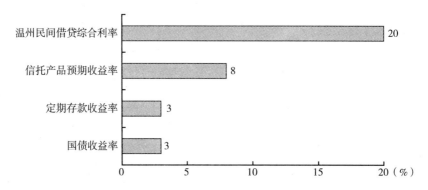

图1　我国不同类型金融产品一年期收益率比较

资料来源：课题组整理。

在机构投资者方面，同样体现出了非常庞大的市场需求。除了银行、证券公司、保险资产管理公司、基金公司、信托公司等较为传统的机构投资者以外，养老保险基金、企业年金基金、住房基金、财务公司、QFII 等新型的机构投资者在种类和数量上越来越多，管理资产的规模也越来越大，在金融市场中扮演着越来越重要的角色，且不同类别的机构投资者在收益要求、风险偏好、投资期限、特殊要求等方面差异很大，如何满足不同类别机构投资者个性化的需求，需要资产管理市场提供更专业、更定制化的服务。未来几年，机构投资者在金融市场中将占有更重要的地位。总的来讲，个人投资者与机构投资者理财需求的同时爆发催生了巨大的资产管理需求，形成了快速增长的资产管理市场，大资管行业具备了快速发展的雄厚市场基础。

2. 大资管时代的到来符合融资方多元化、多渠道获取资金的需求

经济转型和银行信贷限制赋予大资产管理行业广阔空间。中国经济还处于城镇化的进程中，住房和基础设施的投资在中期还将继续。而且，人口和教育结构的变化降低了普通劳动力的供给，企业需要加大对资本的投入以取代普通劳动力。这些都产生了对资本的持续需求，未来很长一段时间内，企业发展所需资本缺口巨大。但在当前"利率管制、信贷控制、融资渠道限制"的金融环境下，以商业银行为主体的信贷资金的供给不足以满足企业日益增长的资本需求。然而，在大资管时代，信托公司等各类资产管理机构，可以集成债权、股权、收益权和夹层等多种金融工具，并通过不同法律关系的重构，为企业提供中长期资金和贴身设计一揽子解决方案，从而实现"多元化、多渠道"地满足企业融资需求。因此，大资管行业的信托以及一系列类信托工具，作为新兴的资产管理工具和投融资手段，能够填补资金供需的缺口，无疑具有广阔的发展空间。

3. 大资管时代的到来也符合资产管理机构自身发展的需求

例如，在证券公司方面，资产管理业务松绑，"通道"价值受青睐。2012年10月，修订后的《证券公司定向资产管理业务实施细则》开始实施，定向产品几乎没有投资范围限制，允许由客户与证券公司协商约定投资范围。此外，中国证监会降低了各类业务的风险准备比例，放宽了净资本的计算方法，使得资管业务消耗的净资本减少，进而提升了证券公司资产管理的规模上限。随着证券公司资管新政的实施，证券公司资管开放式"通道"的价值开始被发现并被重视，银证合作成为潮流。近年来，证券公司在自己的主战场（证券承销、保荐、经纪业务等）长期作战不利，盈利水平和盈利能力不断倒退，整个证券行业发展到了瓶颈阶段。穷则思变，主管单位中国证监会解放思想，引领证券公司积极进行业务创新，而资产管理业务则成为证券公司主要的发力点。

另外，保险资金委托管理门槛设定，刺激证券公司做大资管规模。2012年7月，中国保监会发布《保险资金委托投资管理暂行办法》，规定保险公司选择证券公司开展委托投资，证券公司必须符合两大条件：一是取得客户资产管理业务资格3年以上；二是过去一年集合理财业务管理资产规模不低于50亿元，或受托管理总资产规模不低于100亿元。面对规模庞大的保险理财资金，"险资受托资格"成为证券公司资管业务急切做大业务规模的主要动力之一。

最后，近两年来，银行同业业务和表外业务监管规范不断加强：银信合作表外资产入表、票据保证金缴纳存款准备金、同业代付计入风险资产及计提拨备。银证合作正是在监管与创新的博弈中发展起来的，成为当前银行将表内信贷类资产（主要票据资产）从表内转移至表外的主要通道。现行的《中华人民共和国商业银行法》第39条明确规定，商业银行贷款余额与存款余额比例不得超过75%，而目前我国商业银行的存贷比普遍接近"红线"。银行面临信贷资产表外化的巨大压力，一方面原因在于迫切需要改善资产负债表结构，提高资本充足率，降低存贷比，避免触及75%的"红线"；另一方面原因在于释放银行的贷款规模，拓宽贷款投放空间。

二 信托业发展的示范效应

近年来，信托业规模的高速增长与业务的大量创新，对其他金融同业机构开展类信托业务起到了积极的示范效应，从而促使其他资产管理机构纷纷加入资产管理市场中谋求发展。

截至2013年4月底，我国信托业信托资产规模达到9.23万亿元，已经成为规模仅次于银行业的第二大金融行业。如图2所示，2006年至2012年底，从各类金融机构资产的增长速度来看，信托资产管理规模从0.36万亿元加速增长到7.47万亿元，增长了19.75倍，年复合增长率为65.77%。与此同时，其他行业部门的增长速率远远低于信托的发展速度。同期银行贷款增长2.80倍，年复合增长率为18.69%；股票市值增长2.73倍，年复合增长率为18.25%；债券增长2.79倍，年复合增长率为18.62%；保险增长3.55倍，年复合增长率为23.53%；基金增长3.26倍，年复合增长率为21.74%。放眼资产管理行业市场表现，信托业规模的发展速度远远超出了同类行业的发展水平，成为资产管理行业的引领者。

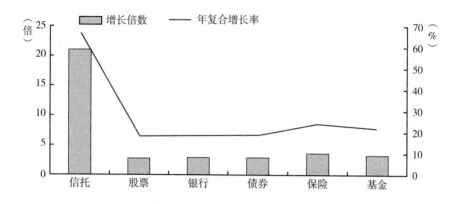

图2　我国不同金融机构资产规模增长比较

资料来源：课题组整理。

一方面，信托公司近年来的飞速发展，得益于信托制度优势的发挥。由于信托制度的灵活优势，信托公司能够将零散的资金巧妙地汇集起来，由专业投资机构运用于各种金融工具或实业投资，谋取资产的增值。基于信托制度的信托资产隔离功能，使投资者的财产能够在最大程度上得到有效保护。因此，证券公司、基金公司、保险资产管理公司以及银行等资产管理机构也纷纷运用起"受人之托，代人理财"的信托模式。

另一方面，信托公司是资产管理行业创新发展的引领者。金融市场瞬息万变，信托业配合国家政策，敏锐捕捉市场良机，积极进行创新，投身于浩瀚的资本市场，活跃于国家建设的各个行业，展现出非凡的活力，尤其是在经济结构调整的改革大潮中，发挥了金融创新的示范效应，成为了我国金融体系的"桥头堡"和"试验田"。

事实上，在货币、资本和实业三大投资领域与债权、股权、物权三大投资手段的全方位整合运用方面，信托公司具备了让其他同业资产管理机构艳羡的独特优势。从目前信托资金运用领域来看，不仅包括基础产业、工商企业、房地产业和证券市场，而且包括艺术品、红酒、白酒、黄金、钻石等特殊商品。从资金运用方式来看，不仅包括传统的信托贷款、债权投资、股权投资，而且包括融资租赁、财产权信托、特定目的信托、基金化产品等。从投资区域来看，不仅包括国内资本市场，而且部分机构已经开始发行 QDII 产品，投资领域扩展到海外市场。

我国整体经济环境目前正处于"结构性调整"阶段，根据最新中央经济工作会议要求，"转方式、调结构"，是未来经济发展的主线。然而，即使未来部分传统行业出现下行的危机，凭借多年来以市场化需求为导向开展业务所积累的丰富经验，信托引领下的资产管理行业仍能最敏捷地发现新的市场良机，始终配置最优质的资产，实现客户资产的收益长期保持在较高水平。

三　金融机构战略转型的需要

在国外，资产管理业务收入占国际投行业务的收入高达 10%～30%，这对我国的证券公司、基金公司、保险公司以及银行等资产管理机构而言，具有很大的诱惑力。因此，金融机构通过战略转型实现盈利的巨大需求，无疑也是大资管时代到来的重要因素。

就证券公司而言，其传统业务发展在当前的宏观经济背景下未有创见，深入资产管理市场正是其实现战略转型的必然选择。2008 年以来，我国的股票市场一直处于低迷期，漫漫熊市给证券、基金等曾经专注于股票市场的企业的盈利造成了重要影响。券商传统的三大业务，即经纪业务、投行业务和资管业务，在近年来都遭遇了非常大的压力。在激烈的竞争下，佣金费率不断下降，2013 年 3 月 15 日，证券业协会正式发布了《证券公司开立客户账户规范》，新规规定证券公司不仅可以在经营场所内为客户现场开立账户，也可以通过见证、网上及中国证监会认可的其他方式为客户开立账户，这势必造成券商经纪费用的进一步降低。投行业务近年来也遭遇了非常大的瓶颈。以投行业务最重要的增发和 IPO 来看，增发近几年整体上保持稳定，没有明显增长，2007～2012 年年均募集金额在 3200 亿元左右，券商收取的年均承销费用在 34.5 亿元左右。而 IPO 方面则是另一番景象，2007 年，在中国股市最大的牛市行情和大量巨型央企上市的支撑下，IPO 募集金额达到 4470 亿元，首发发行费用达到 88.9 亿元。2010 年，由于创业板开闸的影响，大量中小企业开始上市，IPO 的数量迅速增加，全年 IPO 数量达到 347 家，IPO 募集金额达到 4911.3 亿元的高点，券商的承销费用也创造了 211.4 亿元的历史纪录。2010 年以后，IPO 无论从数量、募资金额还是承销费用上都大幅下降，尤其是 2012 年下半年以来，IPO 发行速度明显放缓，到 2012 年底，IPO 甚至停发，至今还未开闸，这也导致 2012 年 IPO 规模不到 2011 年的一半（见表 2）。由于股市整体走势平淡，券商资管业务也一直表现平平，真正的股票型投资资产管理规模一直在 2500 亿元左右。

表2 券商 IPO 和增发情况

单位：家，亿元

年份	IPO			增发		
	首发家数	首发募集资金	首发发行费用	增发家数	增发募集资金	增发费用
2007	121	4470.0	88.9	177	3346.0	31.0
2008	77	1034.4	30.8	135	2171.9	23.4
2009	111	2022.0	70.4	133	2999.9	31.0
2010	347	4911.3	211.4	168	3510.3	45.3
2011	277	2720.0	154.8	187	3877.2	38.1
2012	150	995.0	68.1	158	3479.6	38.4
2013	0	0.0	0.0	47	975.4	9.1

资料来源：Wind。

就基金公司而言，传统业务发展受阻，而资产管理业务恰好可以成为其未来业务发展的新增长极。基金公司的管理规模停滞不前，2007～2012年，基金份额年均增长 7.2%，且2007～2011年变化不大。2012年基金规模较2011年增长 19%，增加 5048.47 亿份，主要贡献者是债券型基金和货币型基金。2012年，货币型基金发行 2963.56 亿份，占新成立基金发行份额的45.97%，几乎占据了半壁江山，债券型基金发行 1692.09 亿份，占新发行规模的 26.25%（见表3）。股票型基金和混合型基金近年来发行规模明显萎缩。可见，基金公司若要寻得新的业务增长点，就必须实现战略发展转型，而资产管理正是符合转型的恰当抉择，例如基金公司通过设立子公司投资未在证券交易所交易的股权、债权及其他财产权利，投资范围的扩大必将大大提升基金公司的业务创新能力，助推战略发展转型。

表3　基金公司各品种发行规模

截止日期	新成立基金		股票型		混合型	
	总数（只）	发行份额（亿份）	发行份额（亿份）	占比（%）	发行份额（亿份）	占比（%）
2007 年	39	4168.63	1768.71	42.43	988.20	23.71
2008 年	93	1706.32	424.74	24.89	104.71	6.14
2009 年	118	3763.20	2499.28	66.41	548.60	14.58
2010 年	147	3099.84	1640.44	52.92	373.97	12.06
2011 年	211	2762.46	1142.95	41.37	88.05	3.19
2012 年	260	6446.63	1126.48	17.47	95.41	1.48

截止日期	债券型		货币型		截至年底的基金份额（亿份）
	发行份额（亿份）	占比（%）	发行份额（亿份）	占比（%）	
2007 年	61.32	1.47	—	—	22331.61
2008 年	1037.82	60.82	—	—	25741.30
2009 年	442.61	11.76	76.28	2.03	24535.95
2010 年	624.56	20.15	134.25	4.33	24228.41
2011 年	754.74	27.32	125.57	4.55	26510.50
2012 年	1692.09	26.25	2963.56	45.97	31558.97

资料来源：Wind。

　　除此之外，保险资产管理也迫切需要新政的推出，以改变其盈利模式。保险新政推出前，保险资产投资渠道较窄，受权益类投资影响较大。2012 年 3 月之前，保险资金的投资范围仅限于银行存款、国债、金融债、基金、股票、间接投资国家基础设施建设、不动产和 PE。近十年间，出于投资安全性的考虑，45% ~ 55% 的保险资金配置在债券上，收益率维持在4% ~ 4.7%，年平均收益占行业投资收益的比例约为 43%，平均收益率整体偏低但比较稳定。在权益类投资方面，尽管此类投资收益较高，但是波动较大。保险资金自 2003 年开展基金、股票投资以来，累计投资收益为 2767 亿元，年均收益率为 7. 76%。十年来，权益投资以 13. 17% 的占比取得 21. 66% 的投资收益，特别是 2006 年、2007 年、2009 年，投资收益率分别达到 29. 46%、46. 18%、22. 71%，总体业绩不错。但是，2008 年、2011 年和 2012 年，投资亏损率分别为 11. 66%、2. 34% 和 8. 21%，显示出高波动性的特征。其实，正是由于近年来 A 股市场不太景气，保险资金投资的收益率缺口才比较大。2008～2012 年，伴随着 A 股市场的整体下行，保险行业投资收益率分别为 1. 89%、6. 41%、4. 84%、3. 49% 和 3. 39%，大部分年度的收益率都低于五年期定期存款利率，相比于一般 5. 5% 左右的寿险产品精算假设，收益率缺口较大。在保险资产规模高速增长、收益率持续走低、通货膨胀延续的三重因素作用下，保险资金投资压力陡增，亟须监管部门出台相关政策，疏通投资渠道，扩大险资投资范围，而相关保险资产管理新政的出台，恰好迎合了这些需求。

B.4
大资管时代到来的影响

课题组

摘　要：

大资管时代的最显著变化是金融产品种类更加丰富，可选择范围更广。随着资产管理新政对资产管理机构投资范围的放宽，企业不仅能够跟信托公司进行融资，而且可以跟其他资产管理机构进行融资。证券、基金、保险等各类资产管理业务提供的金融工具相互组合，能够极大地丰富企业融资渠道。监管政策的统一将是未来中国资产管理行业发展的重中之重。

关键词：

大资管时代　理财产品　融资渠道　监管套利

一　对投资者的影响：理财
产品的增加

对投资者来说，大资管时代的最显著变化是金融产品种类更加丰富，可选择范围更广，但一些金融产品的结构也更加复杂。以证券公司为例，过去证券公司的理财产品在设立方式、投资范围和结构上有很多限制，仅能投资于股票、债券、基金、股指期货等。2012 年的诸多新规打破了很多限制，证券公司的资管产品可以广泛地投资于债权、股权等领域，而且取消了限额特定资产管理计划和定向资产管理双 10% 的限制。未来我们会看到越来越多的证券公司融资类理财产品，而以往这类产品基本为信托产品所"垄断"。

对投资者而言，目前各类机构发行的金融理财产品差别并不大，筛选时可重点关注发行机构以往是否有该类产品的发行与管理经验。一般来说，对于融资类产品，信托公司经验更加丰富，选择和管理能力也更强；对于证券投资类（包括期货类）产品，证券公司经验更加丰富，管理风险的能力也更强。

财富管理机构能为投资者提供的最主要帮助是在全市场挑选优秀的金融产品，但投资者自身需要把握一个原则，那就是坚持组合投资，通俗地说，就是"不要把鸡蛋放在一个篮子里"。现代投资组合理论早已被有效证明可以提高收益、降低风险。

大资管时代，由于监管的放松和金融机构产品的创新，能够满足投资者不同风险收益特点的理财产品相应增加。目前，我国资产管理市场金融机构主要分为 5 种，包括商业银行、证券公司、信托公司、基金公司以及保险资产管理公司。各资产管理机构的主要理财产品内容如图 1 所示。

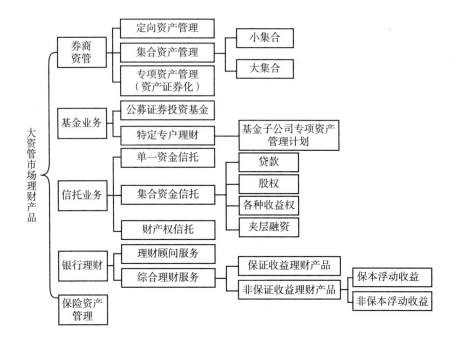

图1 大资管市场主要理财产品*

注：* 按照新《证券投资基金法》，投资者超过200人的集合资产管理计划被定性为公募基金，适用公募基金的管理规定。因此，2013年6月1日以后，证券公司不再按照《证券公司客户资产管理业务管理办法》的规定，发起设立新的投资者超过200人的集合资产管理计划（即大集合）。

资料来源：课题组整理。

二 对财富管理行业的影响：
互生互补，共同发展

大资管行业理财产品的增加，不仅扩大了投资者的理财选择范围，也丰富了从事专业理财的财富管理机构的产品选择路径，从而能够更好地满足不同投资者的个性化理财需求。

事实上，大资管的概念使资产管理与财富管理的界限变得

模糊，战国时期"时而合纵，时而连横"的局面用来形容大
资管时代颇为恰当。"合纵"，即信托、基金、证券、私募基
金作为金融产品供应商，银行、财富管理机构作为金融产品分
销商，双方形成上下游关系；"连横"，即信托、基金、证券、
银行等共同打造跨平台金融产品，如前两年流行的银信合作。
"合纵""连横"将是大资管时代的主旋律，分业经营、分业
监管的金融业首先在资产管理与财富管理领域实现事实上的
混业。

大资管时代初期，虽然可运用的金融机制和工具愈加丰
富，但由于各类机构对新进入领域的基础资产的开发能力各不
相同，如基金子公司对实业领域融资性业务的开发能力相对较
弱，可能导致显而易见的优秀项目（或称之为现成的好项目）
被多方争夺，一个明显的影响是资金成本下降导致金融产品的
收益率下降。随着机构团队的成熟，以及开发基础资产、运用
金融工具能力的提升，通过机构间跨平台合作拓展市场将成为
常态。随着理财产品的日益丰富，大资管市场前景非常广阔，
有待更多财富管理机构百花齐放。

（一）财富管理机构的兴起

财富管理与资产管理同属大资产管理的范畴，但在概念上
容易混淆。两者的主要区别在于，财富管理从客户需求出发，
一般仅提供咨询建议而不直接管理资产；资产管理主要负责投
资，以资产价格趋势为出发点，很少考虑客户需求。资产管理
业务一般以金融产品为载体，金融产品的销售多由财富管理机
构担当。因此，从产业链的角度看，资产管理是上游，财富管

理是中游，客户是下游。财富管理与资产管理更多的是互补关系，相互依存。

资产管理业的出现早于财富管理业。居民财富的增长催生了居民投资理财需求，进而促进了资产管理业的发展，如我们熟知的公募基金。随着居民投资理财需求的增加，传统金融机构，如主要提供存贷款与现金管理业务的商业银行、主要提供证券经纪和投资银行业务的证券公司，相继涉足资产管理业务，如银行理财业务和证券公司资管业务。

资产管理机构大多专注于研发和投资，金融产品的销售需要专门的机构或部门负责。银行理财产品自然由商业银行自行销售，而基金公司因为缺乏销售渠道，所以商业银行成为公募基金的主要分销商。随着产品的日渐丰富和多样，客户对金融产品的筛选和配置产生需求，分销机构开始提供这些增值服务，财富管理机构就此出现。

中国的财富管理机构主要是商业银行理财（或称财富管理）业务部门、私人银行、第三方理财机构。商业银行理财业务部门和私人银行出现较早，第三方理财机构大规模的出现是 2011 年之后的事情。一些公募基金公司目前成立了专门从事金融产品销售的子公司，这是传统资产管理机构在产业价值链上向财富管理业务的拓展。各家信托公司相继组建的财富管理中心（或功能相似的部门）也已经或将要具有财富管理的功能。国内信托公司的历史沿革和专业优势各不相同，并非所有的信托公司都适合走专业资产管理公司的道路，部分信托公司完全可以走专注财富管理业务的道路，比如缺乏先行优势的信托公司。

虽然财富管理机构最初的身份是金融产品分销商，但目前绝大多数财富管理机构以金融产品分销为主营业务，并在此基础上为客户提供投资理财的咨询与建议。当然，目前仍有少数财富管理机构只提供咨询服务而不销售金融产品。

（二）产品分销模式面临挑战

大多数财富管理机构的商业模式是分销金融理财产品给客户，并向上游产品供应商收取销售佣金。对资产管理机构而言，财富管理机构帮助它们寻找到合适的客户；对客户而言，财富管理机构帮助他们筛选到合适的管理人和金融产品。向上游收费本身并不妨碍财富管理机构的独立与客观，尤其在中国财富管理市场发展的初期，个人普遍没有付费购买咨询服务的理念，根据产品分销额向上游供应商收费的模式符合现实。但财富管理机构需时刻牢记是在为客户服务。

随着财富管理机构越来越多地提供咨询和其他增值服务，产品分销收入在总收入中的占比有逐年下降趋势，但仍占主要部分。以欧洲为例，麦肯锡欧洲资产管理调查显示，2005 年财富管理业全部收入的 62% 来自分销。

在短期内，以金融产品分销为主营业务仍将是国内大多数财富管理机构的选择，但随着市场参与者数量的急剧增加，这种模式面临一些挑战。

首先，财富管理机构的服务同质化严重。财富管理机构数量急剧增加，而合格的从业人员相对匮乏。在现有商业模式下，理财经理和理财师只是在单纯地推销金融产品。由于金融

产品存在同质化现象，理财经理和理财师推荐产品时主要依据预期收益率。

其次，客户过度追求高收益。在大多数财富管理机构比拼收益率的情况下，客户自然追求预期收益率较高的产品——虽然预期收益率并不一定代表最终收益。客户对收益率的片面过度追求可能导致财富管理机构倾向于分销风险较高的产品，如果出现最终兑付风险，不仅客户和产品供应商会受损害，而且分销产品的财富管理机构的市场声誉也会受到损害。

金融产品分销的同质化趋势导致财富管理的庸俗化与简单粗暴，市场上对产品收益率的凸显和渲染比比皆是，而忽视对产品风险的提示，不少金融理财产品在分销环节近似于路边售卖小商品的"十元店"——价廉不一定物美。此外，财富管理机构服务和产品的同质化使客户黏性降低，不少第三方理财机构因此而香消玉殒。

过去几年，商业银行依靠非市场化利率环境大力拓展了银行理财产品市场，并依靠网点数量优势几乎垄断了公募证券投资基金的销售。它们涉足私募金融产品分销面临一些挑战。在资产管理和财富管理行业，公募与私募历来泾渭分明，主要原因是针对的客户群大不相同。相比于公募市场，私募市场结构很不均衡，作为发行端的信托公司、PE/VC机构和阳光私募基金在2006年以后迅速壮大，而作为销售端的财富管理机构直到2011年才大规模出现。正是因为传统金融机构对私募金融产品（信托产品、PE/VC基金、阳光私募基金等）销售的长期忽视，才使得第三方理财机构得以抢占先机，奠定了市场地位。

虽然面临诸多挑战，但是金融产品分销在未来很长一段时间仍将是财富管理机构主流的运作模式。在资产管理机构"合纵""连横"的过程中，财富管理机构更像是一个平台，连接上游的资产管理机构和下游的客户，财富管理机构与资产管理机构之间更多的是合作关系。在资产管理风云变幻中，这有利于财富管理机构扮演"独立第三方"的中介角色。但财富管理机构之间竞争必然加剧，未来胜出的将是那些能在满足客户需求方面始终领先的机构。

三 对企业的影响：融资渠道的多元化

随着金融市场的发展和各类金融主体的增加，融资人的融资渠道也逐渐增多。近年来，以股票融资、企业债、公司债、短期融资券、中期票据、信托等为主要手段的直接融资的金额不断增加，与以银行贷款为主要方式的间接融资相比，比例越来越高。

随着资产管理新政对资产管理机构投资范围的放宽，企业不仅能够跟信托公司进行融资，而且可以跟其他资产管理机构进行融资。证券、基金、保险等各类资产管理业务提供的金融工具相互组合，能够极大地丰富企业融资渠道。

根据 2012 年 10 月实施的《证券公司定向资产管理业务实施细则》，证券公司定向资产管理计划允许投资者和证券公司双方约定投资范围，不单独设限；根据 2012 年 11 月 1 日施行的《基金管理公司特定客户资产管理业务试点办法》，基金管理公司可以通过设立子公司开展专项资产管理计划，投资于"未通过证券交易所转让的股权、债权和其他财产权利,以及中国证监会认可的其他资产"。由此可见,基金公司通过设立子公司,其投资领域从现有的上市证券类拓展到非上市股权、债权、收益权等实体资产,扩大了企业的融资渠道。

2008～2012 年,以企业债、公司债、短期融资券、中期票据和股票市场为代表的非银行金融机构直接融资市场规模增长了约 2.6 倍,年均增长 37.9%(见表 1)。

表1　近年来各类直接融资金额

单位:万元,%

| 年份 | 固定收益市场 | | | | 权益市场 | 合计 | 固定收益市场占比 |
	企业债	公司债	短期融资券	中期票据	股票市场		
2008	1566.90	288.0	4338.50	1737.00	3300.31	11230.71	70.6
2009	3252.33	734.9	4612.05	6912.65	5024.47	20536.40	75.5
2010	2827.03	511.5	6892.35	4970.57	9594.01	24795.46	61.3
2011	2485.48	1291.20	10162.30	8199.93	6821.14	28960.05	76.4
2012	6511.31	2613.96	15375.47	11696.62	4487.50	40684.86	89.0

资料来源:Wind。

直接融资的增加产生了两个重要的结果:一是满足了企业不同的融资需求,企业对资金的需求是多样化的,不同的融资渠道在价格、期限、风险保障措施、资金到位效率、资金使用灵活度等方面各有千秋,从而对应企业不同的资金需求;二是创造了不同的金融产品,而金融产品的增加为资产管理行业的发展提供了重要的标的和工具。没有多样化的金融产品,也就不可能产生多元化的资产管理机构。

四 对金融监管的影响：促进
监管标准的统一

我国一直执行"分业经营，分业监管"的金融政策，随着金融市场的开放和监管政策的放松，不同类型的金融子行业和金融机构之间业务往来日益增多，融合度不断加强。如何在保持金融稳定与控制金融风险和鼓励金融创新与提高行业竞争力之间寻求平衡，成为政策制定者面临的一大难题。而从自身所监管的行业发展以及监管竞争的角度看，各监管机构之间可能产生监管冲突，从而给各金融机构造成不同的政策环境，造成一定程度上的机会不均等。

2012年下半年以来，中国证监会资管新政的实施，并没有使证券公司、基金管理公司的资产管理能力得到显著提高，反而在一定程度上助长了不同监管机构主管的金融机构之间的监管套利。短短半年，银证合作逐渐取代银信合作，使得2010年下半年以来中国银监会的银信合作新规全面失效。证券公司取代信托公司，成为商业银行向表外转移信贷资产的新的便捷通道。2012年，证券公司资管规模暴增1.6万亿元，其中1.2万亿元以上来自银证合作通道业务。

若继续纵容商业银行和证券公司、基金公司的监管套利行为，2013年社会融资规模调控目标将难以实现。更值得忧虑的是，在通过证券公司实现"资产表外化"之后，商业银行对转移出去的资产仍然承担着风险兜底责任，名义上资产转移到了表外，但风险责任仍在银行表内，然而银行却并未计提相

应的风险拨备和资本。目前看来,在"通道"类业务中,资管机构之间相互恶性竞争,不断降低收费标准,抢占银行表外业务,不仅破坏了资产管理市场的公平竞争环境,而且使得银行表外资产的潜在风险不断积聚。尽管中国银监会2013年"8号文"的出台在一定程度上对银行理财资金投资非标准债权类业务予以了总量规模上的规范限制,但是如何真正有效地防范银行表外资产风险,还有待监管政策条文内容真正在资产管理业务实践过程中得以落实。

此外,业界对中国证监会资管新政还存在以下几个方面的质疑。

首先,对于证券公司从事资产管理业务,我国1993年以来确立了金融行业"分业经营,分业监管"的大政方针,证券公司的资产管理业务虽然名义上不是营业性信托活动,但事实上经营了信托业务,应该获得更高层级的法律授权。对于基金管理公司从事资产管理业务,根据中国证监会最新公布的《基金管理公司特定客户资产管理业务试点办法》和《证券投资基金管理公司子公司管理暂行规定》,基金管理公司可以设立子公司,从事"类信托"的业务,同样存在上层法律授权不充足的问题。

其次,证券公司根据《证券公司客户资产管理业务管理办法》,通过对客户资产与证券公司资产、不同客户资产相互独立的规定,来达到信托"破产隔离"的效果,并不能对抗《破产法》,没有从真正意义上实现"破产隔离"。

另外,证券公司、基金管理公司子公司从事融资性的"类贷款"业务。以经营市场风险为主的机构去经营信用风险和流动性风险，经验略显不足，相应的风险管控和化解手段尚需完善。如果证券公司和基金公司大规模介入融资性业务，而又缺乏信用风险管控和流动性风险化解手段，可能危及金融稳定。相比较来讲，基金公司通过子公司从事融资性业务更为危险，因为证券公司普遍资本实力较强，必要的时候可以通过自有资金提供流动性支持，而基金公司的资本金极少，无法有效缓释流动性风险。

综上所述，在大资管时代背景下，为了防止跨行业监管套利行为的产生，有必要进行资产管理行业顶层制度的设计，从而统一资产管理行业的法律关系与监管标准，推动资产管理行业健康有序地发展。此部分内容将在本报告后续文章中详细展开论述。

行业发展篇

Chapter of Industry Development

B.5

中国信托业的"黄金十年"
（2002～2012 年）

课题组

摘　要：

　　2002～2012 年，中国金融业发生了翻天覆地的变化，信托业的发展也取得了令人瞩目的成就。信托业"黄金十年"的到来，根本原因是中国经济的持续健康发展、居民财富的快速积累和投资理财需求的增加，信托业真正具备了肥沃的生存土壤；直接原因则是中国银监会在 2007 年成功进行的制度改革，及之后"一手抓风险防范与化解，一手抓科学发展"的市场化监管思路。《信托法》颁布后，"旧两规"规范了行业发展方向；"新两规"针对运行中出现的问题进行了有针对性的纠正；后续政策作为"新两规"的有效补充进一步规范了行业按照监管意图发展。

关键词：

信托业　黄金十年　一法两规　一法三规

2002年7月18日《信托投资公司资金信托管理暂行办法》正式施行的当天，上海爱建信托发行了信托业内第一个规范的集合信托产品——"上海外环隧道项目集合资金信托计划"。

《信托投资公司资金信托管理暂行办法》与此前出台并实施的《中华人民共和国信托法》和《信托投资公司管理暂行办法》相结合，标志着信托业正式进入了"一法两规"时代。

如果说1979年10月4日，中国国际信托投资公司（中信集团前身）的成立是新中国信托业发展的起点，那么，经过五次清理整顿的曲折之后，中国信托业在全新的制度框架下，于2002年7月18日涅槃重生。

2002~2012年十年间，中国金融业发生了翻天覆地的变化，国有大型商业银行相继完成财务重组、股份制改革和上市，多层次资本市场建设持续推进，信托业的发展也取得了令人瞩目的成就：以管理资产规模论，信托业已超过保险业而成为中国的第二大金融行业；以业务模式论，信托公司已成为中国高端财富管理市场的主力军，为投资人带来巨额财产性收益；以管理水平论，在守住不发生系统性和区域性风险底线的同时，信托公司的风险抵补能力、公司治理水平明显提高。

这十年又可以分成两个阶段，以2007年3月1日"新两

规"（《信托公司管理办法》和《信托公司集合资金信托计划管理办法》）施行为界，2002～2006 年，信托行业在经历"最后一次清理整顿"后逐渐恢复元气，但先后仍有 5 家信托公司出现重大风险事件；2007～2012 年，信托业在新的制度框架下，走上稳健发展的道路，信托资产规模从不足 4000 亿元增加到 7.47 万亿元。

信托业"黄金十年"的到来，根本原因是中国经济的持续健康发展、居民财富快速积累、投资理财需求增加，"受人之托，代人理财"的信托业真正具备了肥沃的生存土壤。直接原因则是中国银监会在 2007 年成功进行的制度改革，及之后"一手抓风险防范与化解，一手抓科学发展"的市场化监管思路。

五年仿佛一个"坎"，2012 年的信托业又站在一个新的"十字路口"，各项业绩指标居于历史最好水平，但面临的挑战亦前所未有。随着大资管时代的到来和信托制度普惠化进程的加快，信托业发展的内、外部环境已迥然不同，亟须进行新一轮的制度改革，而这一轮改革，牵涉的将不仅是信托公司，而是整个资产管理行业乃至整个金融体系。鉴往知来，信托业新五年的发展规划思路或可从过去十年的经验和教训中去找寻。

一 信托业"黄金十年"的十大变化

变化一：信托资产规模高速增长，信托业跃居第二大金融行业

尽管规模大小不是衡量一个行业实力强弱的唯一指标，但

是在金融领域，"规模大小决定行业地位"的特征却较为明显。

2002年底，整个信托业仅有20多家信托公司完成清理整顿，获准重新开业，全行业管理的信托资产余额仅710亿元。到2006年底，全行业信托资产为3606亿元。

2007年"新两规"颁布后，信托业的发展驶入快车道。当年底，全行业信托资产规模逼近1万亿元大关，约为0.95万亿元；2008年底达到1.22万亿元；2009年底突破2万亿元大关，达2.02万亿元；2010年再增1万亿元，年底达到3.04万亿元。2011年以来，全行业信托资产规模增速进一步加快，2011年底接近5万亿元大关，达到4.81万亿元，2012年一年增加2.66万亿元，年底达到7.47万亿元。

2012年底，信托业受托管理的信托资产为7.47万亿元，保险业总资产为7.35万亿元。以"体量"计，信托业已超越保险业成为中国金融业的第二大支柱，仅次于银行业（见图1）。

2007~2012年六年间，信托业受托管理资产规模占当年度GDP的比重已由2007年的3.0%增长至2012年的14.3%（见图2）。

信托资产规模的迅速扩张，在一定程度上完善了中国金融子行业的结构。信托业的崛起，改变了银行业一家独大的局面，促进了储蓄向投资的转化，提高了金融体系运行效率。

变化二：信托公司成功满足了居民投资理财的需求，为投资人创造了巨额财产性收益

信托资产规模的爆发式增长始于2009年。2009~2012

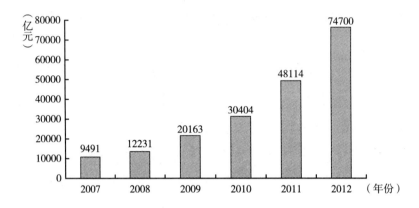

图1　2007~2012年信托资产规模

资料来源：中国信托业协会。

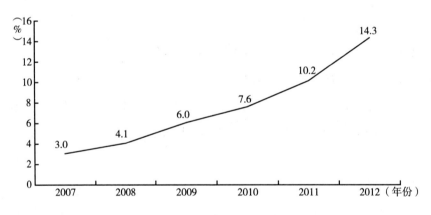

图2　2007~2012年中国信托市场深度变动情况

资料来源：中国信托业协会、国家统计局。

年，全社会整体流动性充裕，然而，持续的低利率，甚至是负利率环境，迫使大量资金从银行资产负债表"出逃"，进行投资理财，以求保值增值。一方面，个人和机构的投资理财需求迅猛增加；另一方面，股市持续低迷，国家又接连调控房地产，直至推出严厉的限购政策，可投资渠道极为匮乏。

这个时候，信托理财和银行理财，以其鲜明的固定收益特征，成功满足了这种需求。如果不是信托理财和银行理财吸附了过剩的流动性，这些资金将"冲"向何方、炒作何物，不得而知。

2010~2012年，信托业为受益人创造的收益分别为366亿元、705亿元、1861亿元，三年时间全行业给受益人创造收益高达2932亿元。同期，信托业自身实现的信托业务收入分别为167亿元、346亿元、472亿元，三年累计仅为985亿元（见图3）。

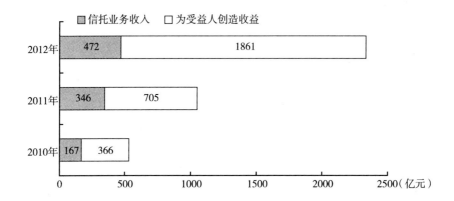

图3 2010~2012年信托业为受益人创造收益与信托业务收入对比

资料来源：中国信托业协会。

由此可见，信托公司以信托产品为媒介，组织社会资金参与社会财富创造，分享了中国经济增长的成果，所获得的理财成果主要归受益人所有，信托公司只收取了有限的信托报酬，真正体现了"受人之托，代人理财"的经营理念。

变化三：成功守住风险底线，信托公司风险抵补能力显著增强

2006年11月，泛亚信托被中国银监会授权的吉林银监局责令停业整顿。在处置泛亚信托风险过程中，中国人民银行动用再贷款收购了自然人债权。此后，时任中国银监会副主席蔡鄂生多次强调"这是最后的晚餐"，今后，凡是非银行金融机构涉及自然人债务出现问题并关闭，中央政府特别是中国人民银行很可能不会同意债权收购，而现在设计的存款保险体制又没有覆盖非银行金融机构。这就要求，信托公司切实防范好自身风险，"谁的孩子谁抱"。

自2007年"新两规"施行以来，信托行业不仅从未发生类似于庆泰信托、德隆系信托（金新信托、伊斯兰信托）、金信信托、泛亚信托这样的行业重大风险事件，而且包括上述事件在内的各家信托公司之遗留风险也都得到了化解。

2010年中国银监会颁布实施了《信托公司净资本管理办法》，信托公司整体风险的监管体系进一步得到完善。随着该办法的颁布实施，信托公司资本实力将普遍增强。

从2011年初至2013年2月，已完成增加注册资本的信托公司数量达到20家，共完成增资额177.24亿元，平均每家信托公司的增资额约为8.86亿元。注册资本增加10亿元以上的信托公司有7家，其中兴业信托以20.66亿元的增资额位列各家信托公司之首（见表1）。

截至2012年12月31日，全国67家信托公司实收注册资本总额为980亿元，较2007年底的475亿元增长了505亿元，增幅为106.32%，年均复合增长超过20%。2007年正常营业

表1　2011 年初至 2013 年 2 月信托公司增资情况统计

单位：亿元

信托公司	增资金额	信托公司	增资金额
兴业信托	20.66	中铁信托	8
爱建信托	20	华能信托	8
中海信托	13	陆家嘴信托	7.53
渤海信托	12.04	长安信托	7.49
中航信托	12	苏州信托	6.1
中融信托	11.45	方正东亚信托	4
华鑫信托	10	新时代信托	3
华信信托	9.43	华澳信托	3
粤财信托	9.34	陕国投	2.2
交银信托	8	湖南信托	2

资料来源：根据信托公司年报及公告信息统计。

的 51 家信托公司的平均注册资本为 9.31 亿元，而 2012 年底已增长至 14.63 亿元，增幅为 57.14%，年均复合增长率超过 10%。信托公司资本实力的增长，有力地带动了信托公司业务发展空间及抗风险能力的进一步提升（见图 4）。

变化四：信托公司主业日益清晰，业务结构持续优化

2007~2012 年，绝大多数信托公司逐步将业务重点从传统固有业务投资转移至资产管理的信托业务。2010 年成为全行业业务收入模式转型的分水岭。截至 2010 年底，全行业信托业务报酬收入首次超过固有业务收入。当年全行业经营收入 283.95 亿元，信托业务收入 166.86 亿元，占比达 58.76%。

自 2010 年底全行业信托业务报酬收入首次超过固有业务收入以来，信托公司的信托业务收入呈现出持续增加的态势，

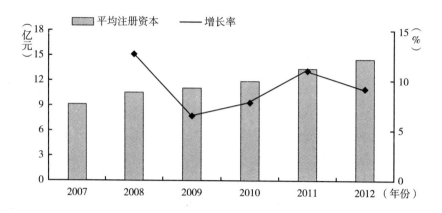

图4 2007～2012年信托公司平均注册资本变化情况

资料来源：中国信托业协会、wind。

且占全行业营业收入比例也不断提高，2012年全行业实现638.42亿元经营收入，其中信托业务收入为471.93亿元，占比达73.92%，信托业务确立为信托公司主业的模式进一步固化。

优先发展信托业务的思路在不少有民营股东背景的信托公司体现得更为充分。2012年，中融信托、长安信托、新华信托、四川信托的信托业务收入在营业收入中的占比分别为92.48%、94.64%、93.38%、94.20%。

除此之外，信托公司的业务结构也发生了显著变化，对银信理财合作业务的依赖度大大降低，信托公司自主管理资产能力显著增强。

近三年来，"银信合作单一资金信托"业务占比呈现出大幅下降的趋势，从2010年底的54.61%降至2012年底的27.18%，降幅高达50%。与此同时，"非银信合作单一资金信托"却大幅上升，从2010年底的19.90%增至2012年底的41.12%。尽管其中部分资金来源于银行自营资金投入，但确实有越来越多的非银行大型单一客户开始寻求信托的方式进行理财，这也代表高端个人和机构客户对综合化理财要求的提高（见表2）。

表2　2010～2012 年信托行业单一信托业务分类占比

单位：%

指　　标	2010 年	2011 年	2012 年
单一信托占比	74.51	68.21	68.30
银信合作占比	54.61	34.73	27.18
非银信单一占比	19.90	33.48	41.12

资料来源：中国信托业协会。

由此可见，信托业的增长动力正在逐步发生质的变化，增长的主动力不再是粗放的银信理财合作业务，而演变为以机构为核心的大客户主导的"非银信理财合作单一资金信托"、以银行理财资金为主导的"银信理财合作单一资金信托"、以个人为核心的合格投资者主导的"集合资金信托"的"三足鼎立"发展模式，而促成这种变化的源泉，则是资产管理市场的成长性与信托制度安排的灵活性的有机契合。

从资金的运用方式上看，融资类业务的规模占比持续下降，从2010 年的超过60%下降至2012 年底的48.87%，下降了超过12 个百分点，而投资类业务占比则相应从17.78%上升至35.84%。

随着信托业务规模的飞速增长和信托公司主动管理能力的持续提升，信托行业的盈利能力也实现了快速增长。信托行业总收入从2007 年的219 亿元增长至2012 年的638 亿元，增长

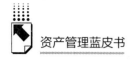

了 191.32%，行业实现利润总额从 2007 年的 158 亿元增长为 2012 年的 441 亿元，增长了 179.11%（见图 5）。

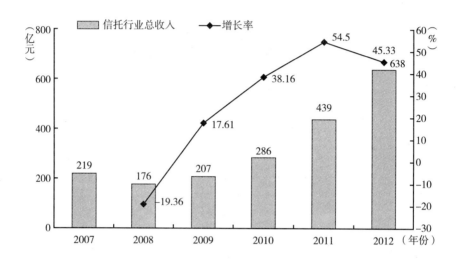

图 5　2007～2012 年信托行业营业收入变化情况

资料来源：中国信托业协会。

变化五：服务实体经济成效显著，引导了民间投资

目前，我国金融机构在服务实体经济、推进改革转型、维护金融稳定等方面整体运行情况良好。但是，目前我国民营企业、中小企业普遍存在"融资难、融资贵"的问题。一般而言，新兴产业和战略性产业往往孕育在中小企业当中，但风险的不确定性导致这些企业难以获得银行资金的支持，而信托等直接融资渠道可以为这些企业提供一套风险共担和利益共享的机制。

作为中国的"实业投行"，信托公司是支持实体经济发展的中坚力量之一。信托资金的运用方式涵盖股权、债权，介于两者之间的夹层，以及各种收益权投资，这就使得信托公司在服务实体经济时，能够整合运用多种金融工具，通过灵活的交易结构设计，为企业量身定做融资方案。由于风险控制手段的多元化，特别是可以通过入股介入融资方的公司治理和日常运营，信托资金可以进入一些银行信贷资金不愿介入、不适宜介入，但实质风险可控的领域。

截至 2012 年底，信托业投向工商企业信托资金余额为1.86 万亿元，占信托资产总规模的 26.65%。信托公司一手连接着理财市场，一手连接着实体经济，能够以市场化的方式，把社会资金聚集起来，通过产业基金、创业基金、私募股权投资以及贷款等多种方式，把资源直接引导到符合产业政策导向的创业企业、处于技术研发阶段的新兴产业以及具备良好发展潜力的中小企业，对产业结构调整有积极的作用。

信托业在满足民营企业、中小企业融资需求的同时，也在一定程度上有效缓解了"民间资本多、投资难"的问题，有助于我国金融市场的规范有序发展。由于信托公司受到了较为严格的监管，行业整体风险可控，信托业成了民间流动资金最为规范的蓄水池，对民间投资起到了重要的引导作用。如果没有信托公司的存在，小额贷款公司、担保公司等机构以及民间集资、"地下钱庄"等缺乏监管的组织将可能更加泛滥，从而影响我国金融市场的繁荣与稳定，甚至有可能影响我国社会的稳定与发展。

变化六：为刚性宏观调控提供了"弹性"，助力中国经济平稳增长

近年来，信托业为国家宏观调控的刚性政策提供了润滑、

"打补丁"的作用，成了有效的"减振器"。当宏观经济或政策发生重大变动时，一些自身经营并没有太大问题的工商企业更需要得到资金支持，在传统的银行信贷等渠道阻塞的情况下，信托公司凭借制度灵活的优势，满足了其融资需求，起到了"雪中送炭"的作用。

近年来，我国宏观调控政策几经起伏，如果没有信托业的存在，我们的经济状况可能会更糟。必须指出，信托业并没有对抗宏观调控，而是平熨宏观经济或政策波动给实体经济带来的震荡。信托机构及信托工具的运用能较大程度上填补融资市场上的较多市场机制的失效和不足。

变化七：成为金融创新的温床，信托业发展示范效应引爆大资管时代

信托资金的投资范围横跨货币市场、资本市场和实业领域，信托平台可以集成所有的金融工具，包括股权、债权、股债混合、可转换股权、可转换债权等。这使得信托公司成为中国的金融产品，尤其是理财产品的创新基地。

2006年前后，信托公司敏锐洞察到银行表内业务受到诸多限制，银行理财投资渠道匮乏的困境，开发出了银信理财合作业务，使得银行可以借用信托平台"曲线"开展信贷资产证券化，这缓解了银行表内资本补充、拨备计提的压力，同时也满足了银行理财资金对固定收益基础投资品的需求。这一业务模式随后大量被证券公司等资产管理机构效仿。

信托产品设计中受益权按优先级、次级分层的结构化设计理念，财产权信托受益权份额化、流动化的准资产证券化理念，证券投资信托中的警戒线、强制平仓线设置等理念和工具，已被各类金融机构广泛借鉴使用。

2007年以来，信托业坚持不断创新，管理资产规模高速增长，信托公司在为投资人创造巨额收益的同时，自身盈利水平也不断提升，这种示范效应促使其他金融监管部门放松管制，推动证券公司、基金公司、保险资产管理公司等学习、借鉴信托公司的业务和产品模式，这促成了大资管时代的到来。

变化八：信托公司监管框架初步成型，稳健发展的基础不断夯实

2001年10月1日，《中华人民共和国信托法》（以下简称《信托法》）正式颁布实施，使信托制度在中国得到正式确立。

2003年4月，中国银监会成立，开始着力研究改革多年来信托公司摇摆不定的业务发展模式，着力解决多年来"带病运行"等困扰行业监管和发展的根本问题。2007年，中国银监会启动信托公司制度改革，修订"两规"，发布了新的《信托公司管理办法》和《集合资金信托计划管理办法》（简称"新两规"），对信托公司经营提出了新的规范和要求。

"新两规"及与之相配套的系列法规的实施，对部分传统业务模式产生了重新构造的作用，并引导了信托公司回归信托主业。

2010年，中国银监会又出台了《信托公司净资本管理办法》，信托业进入"一法三规"时代。该办法对信托公司的杠杆率进行了限制，并通过风险资本系数的动态调整来达到引导信托公司业务转型的目的。

除此之外，中国银监会还从公司治理、信息披露、会计核

算、监管评级等方面制定了相应的综合性配套制度，并根据不同时期宏观政策和信托市场的特征，陆续颁布了针对房地产信托、银信合作、信政合作业务的系列专项业务规章文件。中国银监会已搭建起针对信托公司的四层监管框架体系（如图6所示），信托公司稳健发展的基础不断夯实。

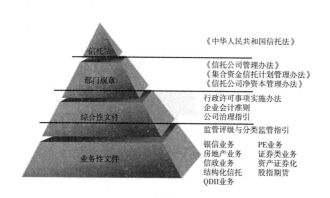

图6　中国银监会针对信托公司的四层监管框架体系

资料来源：根据公开文件整理。

变化九：信托业人才聚集效应显现，信托从业者素质显著提高

人才是信托公司发展中最核心的要素之一。伴随着信托公司业务转型发展的趋势，不少信托公司在人力资源方面也进行了相应的调整。如今的信托业务，特别是监管层鼓励的创新型主动管理类业务，更加强调团队协作，更加重视专业管理，更加依赖于青年才俊。

从信托从业人员数量上看，2002年底，从业人数仅3000多人，2006年之前一些人员未能坚守下来，陆续转行离开信托业。2008 年以后信托业焕发生机，吸引了其他金融行业的一些人才纷纷转投信托公司门下，根据对 2012 年信托公司年报的统计，信托行业最新从业人员数量已经达到 11500 多人，信托行业已经成了金融创新的摇篮（见图 7）。

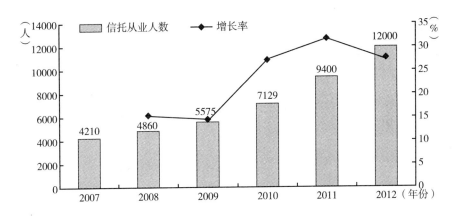

图 7　2007 ~ 2012 年信托行业从业人员变化情况

资料来源：中国信托业协会。

变化十：信托业形象极大改善，信托理念得到普及推广

在中国的诸种金融业态中，唯有信托业是割裂了历史的延续性而完全重新加以设计的，这是信托业容易被误解的主要原因。过去，谈到信托，大家的刻板印象是五次清理整顿、"坏孩子"、高风险……

十年间，随着信托行业的健康快速发展，这样的刻板印象正在逐步消除，社会各界开始重新审视信托公司，认知信托制度，信托公司作为"受人之托，代人理财"专业机构的新形象日益深入人心。信托公司在满足居民投资理财需求、服务实体经济方面的作用，日益得到宏观经济决策层的肯定和重视。

十年间，信托公司成功地实践了《信托法》的精神，成为信托制度的最佳理解者、践行者、传播者。各类金融机构从羞于谈及信托，变为积极寻求将自身资产管理业务纳入信托关系的法律范畴，并在业务模式上借鉴信托公司的成功经验；企业界从不知信托为何物，变为津津乐道于信托融资的高效率、信托夹层融资的独特优势，并开始接受信托公司提供的综合金融服务；高净值人群从单纯地投资信托理财产品，变为愿意接受信托公司提供的财富管理服务，并考虑利用信托来进行财富传承、遗产规划等。

二 "黄金十年"的监管经验借鉴

中国银监会在 2007 年成功进行的制度改革及之后"一手抓风险防范与化解，一手抓科学发展"的市场化监管思路，是促成信托业"黄金十年"到来的重要原因。

在中国银监会这样一个主要监管商业银行的体系里，非银行系统成功探索出了监管一类资产管理机构的思路。这个监管思路既照顾到信托公司要服从于中国银监会统一的监管导向，同时又给信托公司适应于业务发展的灵活性，使它具有规范发展的活力。

这套监管思路，概括起来，就是设置好"红线"和"底线"之后，鼓励信托公司适应市场需求开展业务创新。纵观对信托公司监管的所有文件，中国银监会极少表示信托公司具体"要做什么"，而是不断针对新的情况，告诉信托公司"不能做什么"。

这一点，和传统的监管思路有重大差别，传统的监管充满了严重的"父爱主义"，对自己的"孩子"充满了担忧和不信任感，总是倾向于告诉监管机构"要做什么"，而且对"如何做"进行了极为详尽的规定，机构在从事经营活动时，只需要不断"依葫芦画瓢"。

在大资管时代，各类金融机构都在运用信托的原理从事资产管理业务，中国银监会监管信托公司的经验值得借鉴。

借鉴一：制度建设是行业发展的基础

在信托业的"黄金十年"，《信托法》奠定了行业发展基础；"旧两规"规范了行业发展方向；"新两规"针对行业运行中出现的问题进行了有针对性的纠正；后续政策作为"新两规"的有效补充进一步规范了行业。

信托行业在前 20 年发展过程中历经曲折，除了对行业本身的功能定位迷失之外，很大的一个原因是在监管层面缺乏对行业风险的系统认识和管控，在治理过程中治标不治本，进而引发了对行业的全面清理。制度供给不足是信托业前 20 年发展的瓶颈。

随着 2001 年《信托法》的颁布，监管机构对信托行业的监管也逐步走上正轨，逐步形成了以《信托法》为核心，以《信托公司管理办法》《信托公司集合资金信托计划管理办法》以及《信托公司净资本管理办法》为主体，辅之以其他综合性文件以及具体业务管理指引的监管框架体系，完成了对信托行业从市场主体及业务功能的法律定位，到信托公司内部治理与风险控制，再到具体业务操作规则的系统制度供给，为信托行业的健康快速发展提供了有效的制度保障。

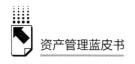

　　以 2007 年 3 月 1 日"新两规"出台为界，信托"黄金十年"可分为前、后五年两个阶段。对比新、旧"两规"即可发现，"新两规"奠定了信托行业高速发展的制度基础。

　　首先，"新两规"的核心就是对信托业务的强化以及对固有业务的压缩，这对信托公司成功将"受人之托，代人理财"的信托业务确立为主业，起到了至关重要的作用。"新两规"出台前，因为种种原因，信托公司缺乏开展信托业务的动力，重自营、轻信托的现象较为普遍，偏离了信托主业，将信托公司做成了投资公司。针对这一现象，"新两规"首先从名称上将原来的"信托投资公司"改为"信托公司"，去掉名称中的"投资"二字，保留"信托"二字，强调了让信托公司回归信托本源的监管思路。《信托公司管理办法》规定，信托公司固有业务项下"投资业务限定为金融类公司股权投资、金融产品投资和自用固定资产投资。信托公司不得以固有财产进行实业投资"。此后，信托公司"忍痛"清理实业投资。

　　其次，"新两规"吸取了 2002～2006 年五家信托公司出现风险的经验教训，富有针对性地堵塞了制度漏洞，这是信托行业在高速发展的同时，能够成功守住风险底线的重要原因。探究五起行业风险事件的原因，可以发现存在如下问题：一是逆向关联交易，信托公司成为股东融资的平台，资金投入实业或证券市场，出现巨额亏损，无法收回；二是挪用信托资产；三是投资者门槛较低，易发生群体性事件。

　　针对这些问题，中国银监会进行了有针对性的改革：一是明确功能定位，将信托公司定位为面向合格投资者，主要提供资产管理和投资银行业务等服务的专业理财机构；二是完善监管框架，修订了《信托公司管理办法》和《信托公司集合资金信托计划管理办法》。以"新两规"为基础，围绕信托公司新的功能定位，逐步健全了内容涵盖公司治理、风险管控、差别监管、业务创新和信息披露等各个方面的崭新制度体系，初步奠定了符合信托公司现阶段发展要求的制度基础。

在整个制度改革及后续监管中，中国银监会吸取经验教训，树立了一系列基本理念，如通过严格限制关联交易，禁止逆向关联交易，解决了向股东进行利益输送的问题，更好地保护了投资者利益；通过固有资产和信托资产分离，信托业务和固有业务的人员、账务严格分开，解决了挪用信托资产的问题；通过提高合格投资者准入门槛，强调风险自担等，引导信托公司定位高端理财市场。

针对信托公司杠杆率大小悬殊、风险抵补能力不足的问题，2010 年，中国银监会推出《信托公司净资本管理办法》，信托监管进入"一法三规"时代。对信托公司实施类似于银行资本充足率的净资本管理，这与信托理念有冲突之处，却又切合中国的现实国情，且 2008 年金融危机爆发之后，限制非银行金融机构的杠杆率是全球监管机构的共识。此外，通过对各类业务资本占用标准的调整，监管部门引导信托公司业务转型有了有效的抓手，能进一步提高监管有效性。

借鉴二：找准定位，在堵与疏中完成政策引导

从"新两规"压缩信托公司固有业务和增加信托业务范围中，可以清晰地看到"找准定位，在堵与疏中完成政策引导"的监管思路。同样，考察近年来对信托行业监管的政策，一样可以得出这样的结论。

以银信合作业务为例，信托公司在信托业务探索之初，银信合作业务曾一度是信托公司的主要业务来源，在 2009 年和 2010 年两年的增长中，银信理财合作业务规模的贡献度均在 50% 以上。但银信合作业务的粗放性以及信托公司在业务开展过程中主动管理能力的缺失，决定了银信合作业务不可能，也不应该成为信托公司的主要业务。中国银监会自 2008 年发布《银行与信托公司业务合作指引》之后，又于 2008～2011 年分别发布了一系列关于规范银信合作业务的通知，对银信合作业务采取了"有保有压"的监管策略。其中，影响最大的便是《关于规范银信理财合作业务有关事项的通知》（银监发〔2010〕72 号，简称"72 号文"）规定。"72 号文"明确要求商业银行将表外资产在 2011 年底前转入表内，并按照 150% 的拨备覆盖率计提拨备，同时，大型银行应按照 11.5%、中小银行按照 10% 的资本充足率计提资本。随后，中国银监会又出台了《信托公司净资本管理办法》及其计算标准，以落实 2010 年 "72 号文"的规定。按照《信托公司净资本管理办法》的计算标准，银信合作发放信托贷款，受让信贷资产和票据资产业务的风险资本系数设定为 10.5%，而一般的银信合作业务风险资本系数为 1.5% 左右。在抑制银信合作野蛮和粗放式增长的前提下，中国银监会积极引导商业银行和信托公司发挥各自优势，开发金融创新产品，提升信托公司自主管理能力，满足客户资产配置多元化的需求。

2010 年以来，银信合作业务规模得到了有效控制。截至 2011 年底，银信理财合作业务规模为 1.67 万亿元，较 2010 年底的 1.66 万亿几乎没有增加，占同期信托资产规模的比例更是下降到了 34.73%；到 2012 年底，虽然数额小幅增长到 2.03 万亿元，但占同期信托资产规模的比例进一步下降到 27.18%。正是这种转变，使信托业的发展摆脱了政策的变数，走上了稳定的长期发展轨道。

借鉴三：适时监控和引导具体业务风险，保障业务发展的可持续性

监管机构对具体业务的风险监控与提示，是规范业务发展，引导信托公司提升风险监测与控制水平，保障信托行业近几年业务飞速发展的重要因素。

以房地产信托业务为例，2009 年以来，房地产信托业务进入飞速发展阶段，针对房地产信托业务发展过程中存在的风险隐患，监管机构通过风险提示的方式，出台了《关于加强信托公司房地产、证券业务监管有关问题的通知》《关于加强信托公司房地产业务监管有关问题的通知》《关于信托公司房地产信托业务风险提示》等一系列监管文件，对房地产企业申请信托融资企业资质、自有资金投入比例、证照完备情况等准入门槛，以及信托资金的用途、结构化房地产信托产品中劣后与优先受益人比例等一系列问题做出了明确规定，有效地保证了房地产信托业务健康发展，防范了房地产信托业务系统性风险的发生。目前，房地产信托业务占比呈现出了明显下滑的趋势。行业协会统计数据显示，2012 年第四季度末，房地产信托业务占比下降至 10% 以下，仅为 9.85%。

在提升风险监测与控制水平方面，以政府平台类业务为例，中国银监会于 2012 年 3 月 14 日下发了《关于加强 2012 年地方政府融资平台贷款风险监管的指导意见》。该文件要求

各银行业金融机构总部充分发挥主导作用，进一步加强平台贷款风险管控。要求信托公司严格平台贷款总量控制，落实平台整改条件。继续按照有关政策要求，持续推动融资平台在抵押担保、贷款期限和还款方式等方面的整改，切实采取有效措施缓释平台贷款潜在风险，严格执行信贷分类结果。加强平台信贷准入管理，严格贷款管理。同时，要更加细致地做好"分类管理、区别对待、逐步化解"工作，防止"一刀切"，防止资金链断裂，防止由于应贷未贷出现"半拉子"工程。通过上述规范的落实，有效地引导信托公司提升对政府平台类业务的风险监测和控制水平。

三 "黄金十年"的未竟之功

虽然信托业发展经历了十年的黄金期，但其所积聚的问题也显而易见，并且早已被各方所关注。这些积聚的问题，也正是信托行业"黄金十年"的未竟之事。

（一）"刚性兑付"成为"堰塞湖"

在一系列配套制度不完善的情况下，信托产品风险名义上由投资者自担，实际上存在"刚性兑付"的潜规则，这是信托行业十年发展最大的遗憾。当然，"刚性兑付"也不是信托业独有的现象，而是整个金融市场存在的普遍问题，比如债券市场同样存在"刚性兑付"。打破"刚性兑付"是金融改革深化的重要一环。

"刚性兑付"牵涉了很深的制度背景，它绝不仅仅是最后那一下，投资者认不认账、信托公司负不负责任的问题，看起来是那么一点，实际上是整个过程，它带有制度设计的系统性，和信托公司的整个业务逻辑、监管逻辑都有关系，只不过矛盾在那最后一点集中爆发。

"刚性兑付"潜规则出现的重要原因在于信托行业没有"信托业法"，从法律上缺乏对信托公司受托人义务的具体约束，现实原因则是出于保护投资者的目的。中国银监会奉行"哪家信托公司出风险就停他的业务"，因而信托公司为保牌照一直遵从着"刚性兑付"这一从未落实在纸面上的"潜规则"。

"刚性兑付"成就了投资人对信托行业的信任，在积聚了行业风险的同时，也保护了投资者，维护了社会稳定，但这终非长久之计，打破"刚性兑付"只是时间问题。

（二）融资性信托计划风险缓释机制未能建立

证券行业的一大优势是有证券流通平台，产品在流通中得到了风险缓释。与证券行业相比，信托行业缺少信托产品的流通场所，信托产品难以流通。这样就造成了两点问题：一是投资者没有买卖的自主权，因此让投资者承担全部风险于理不通。二是因为无法流通，信托产品的风险无法缓释，如果买股票，投资者可以自己决定卖出止损，但购买信托产品投资者就不能拥有这样的权利，一旦出现损失，投资者无法根据自己的风险承受水平止损，所承受的可能就是全部投资金额，让投资者心理上难以承受。为了赢得投资者的信任，信托公司只能将风险全部集中在自己身上，如此也造成了风险的积聚。

（三）资金信托畸形发展，信托制度功能彰显不足

目前，因为信托税收、信托登记、公益信托等《信托法》配套制度的不完善，造成财产信托、公益信托等难以开展，作为最适合资产管理业务的信托行业过多地集中于资金信托业务，从而呈现出"瘸腿"的不均衡发展现状。

资产管理集中于资金信托造成的可能弊端是，一方面，信托的基础资产与其他金融机构一样集中在资金领域，信托财产管理的优势难以发挥，与其他金融子行业同质竞争，难以区别行业属性，体现差异化优势；另一方面，资金信托业务难以满足社会对资产管理服务的多元化需求，在利用信托制度解决中国经济发展和社会生活中诸多矛盾时难以发挥作用。

此外，2007 年的制度改革，将信托公司定位为面向高净值客户的高端理财，这在当时具有防范风险的必要性，但是这在客观上，也将普通民众排除在了信托投资的行业之外。尽管不同的金融机构应该有不同的定位，但信托公司应该仅仅服务于富人，还是应该致力于金融普惠，值得思考。信托完全有可能在更广泛的领域，如土地流转、国有资产管理等领域发挥更大的作用，然而现有的制度设计阻碍了这些功能的发挥。

"黄金十年"未竟之事的解决，需要资产管理制度的顶层设计，这不仅需要信托公司，更需要商业银行、证券公司、基金公司、保险资产管理公司等及相关监管部门共同协力推进。

B.6
中国信托业在 2012 年

课题组

摘　要：

2012 年，中国信托公司管理资产规模达到 7.47 万亿元，超过保险业成为金融业的第二大子行业。信托规模的高速增长有其历史必然性。但在信托规模高增长的同时，风险事件亦不绝于耳。同时，2012 年以来，基金、证券公司等其他金融同业资产管理业务"松绑"，预示着大资产管理时代的来临，信托公司依靠原有业务模式坐享制度优势的时代即将终结，其传统经营业务模式将遭到其他资产管理公司的简单模仿，信托公司寻求转型已迫在眉睫。

关键词：

信托业　第二大金融子行业　信托风险　粗放增长

据中国信托业协会公布数据，2012 年中国信托公司管理资产规模超越保险业，达到 7.47 万亿元，一举成为仅次于银行业的第二大金融子行业，笼罩在"影子银行""多米诺骨牌"等唱衰信托业的言论下，信托业何以再次刷亮人们的眼睛？"吉林信托骗贷案""中信三峡全通事件"，信托产品

"风险频现",是否将打破信托业潜规则"刚性兑付"?是否会爆发各方担忧的系统性风险?一系列新政对期货公司、保险资产管理公司、证券公司等金融机构投资范围的放宽,大资产管理时代的来临,"内忧""外患"接踵而来,信托公司原有粗放式增长模式可否持续?

一 信托规模"过关斩将"

2012 年——玛雅人预言的世界末日年,却是信托公司全行业管理的信托资产规模再次突飞猛进的一年。7.47 万亿元,这是 2012 年信托公司管理的信托资产规模,较 2011 年增长了55.2%,2009 年以来连续 4 年保持 50% 以上的高同比增长率。具体来说,全行业信托资产 2008 年为 1.22 万亿元、2009 年为2.02 万亿元、2010 年为 3.04 万亿元、2011 年为 4.81 万亿元,2009 ~ 2011 年信托资产规模同比增长率分别为 65.57%、50.50%、58.22%(见图 1)。其中,2010 年首次超过公募基金的规模,2012 年又超过保险业,成为仅次于银行业的第二大金融子行业。

信托资产规模在人们的担忧中一次次崛起,一次次刷新历史,根源何在?我们不妨从市场经济中基本的经济学供需原理角度来进行简要的剖析。信托业作为金融子行业之一,现阶段是资产管理市场的重要组成部分。资产管理市场和财富管理市场共同组成投资理财市场,通俗地讲,前者以融资需求为驱动因素,作用在于把资金投资到既定项目或资产中,控制风险并使之增值;后者以投资需求为驱动因素,作用在于帮助投资者

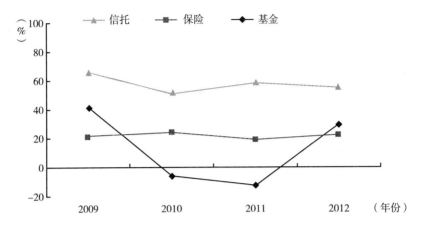

图 1　2009~2012 年基金、保险、信托资产管理规模增长率

资料来源：Wind。

了解自身情况，制定合理的理财目标，识别不同资产的风险收益，并将资金配置到资产组合中，以求在有限风险下获得较高回报。同时，这也是在《信托公司净资本管理办法》中对信托业务进行融资型和投资型区别的基本思路，近年来，由于净资本的约束等相关监管政策导向，投资类信托产品规模呈逐年增长的态势，2012 年投资类信托业务规模为 2.68 万亿元，较 2011年同比增长 55.4%，占比 35.84%。但是深入分析，我们可以看到，以证券投资信托为代表的投资类信托产品，信托公司在其中起到的作用并不是资产配置，而是满足投资顾问或次级投资者的融资需求以及提供估值、清算等中后台服务。因此，现阶段信托公司更多地扮演的是以产品为中心的资产管理角色。

首先，从"供给"一端来看，信托产品的供给主要受市场融资需求以及信托公司的"生产能力"两方面的影响。

第一，市场融资需求旺盛。改革开放以来，中国经济高速增长，根据初步核算，我国 2012 年全年国内生产总值达到 51.9 万亿元，比上年增长 7.8%，与此同时，由信贷驱动投资拉动的经济增长，促成我国实体经济对资金的巨额需求。尤其 2008 年第四季度国家出台 4 万亿元经济政策之后，银行开始大规模地投放信贷，但 2009 年第四季度以来，信贷规模逐步受到控制，实业企业从银行贷款越来越难，转而向信托融资，信托融资由于高效、灵活，也逐渐得到实体企业的认可。

第二，信托公司"生产能力"较强，具体体现为以下两个方面。

其一，制度优势明显。虽然 2012 年对其他资产管理机构的一系列松绑政策，使得证券公司、基金公司、保险资产管理公司等其他资产管理机构可以开展类信托业务，一定程度上挤占了信托公司的制度优势，但从法律层面上看，在我国金融业"分业经营，分业管理"的制度安排下，这些资产管理机构无论从实质上如何扩展，在形式上都还不属于真正法律意义上的信托业务，其受托财产也难以具有信托财产的法律地位，投资者难以获得信托制度的严密保护。另外，从业务功能层面看，我们从《信托法》中对信托的定义不难看出，信托是一项特殊的财产管理制度，是一项以实现信托目的为中心的财产管理制度，其他资产管理机构扩展的只是类似于信托的"资产管理功能"，并不能延伸到信托的上层功能，即委托人的"目的功能"。因此，目前来看，信托公司仍然是唯一法定的综合信托经营机构，依托信托的"目的功能"，信托公司可以不断创新信托业务，拓展信托在私人财富管理、企业经营管理、员工利益保障和社会公益等方面的应用，继续开拓进取，而这些制度优势显然是目前其他资产管理机构所不具有的。

其二，经验丰富。信托公司经过多年的经验积累，在多方式运用和跨市场配置方面，有自己相对成熟的业务和管理模式。第一，在资金运用手段上，投资的模式包括债权模式、股权模式以及介于两者之间的夹层模式；信托资产的配置，不但包含集中交易性金融市场上的标准化金融工具，也涵盖非集中交易性金融市场的非标准化金融理财产品；除了投资之外，运用手段包括兼并收购、财务顾问、投融资撮合等方式。第二，其投资范围可以跨越货币市场、资本市场和实业投资领域。第三，其激励和产品设计灵活，可以根据投资者的具体需求设计有针对性的激励机制和金融产品。正是信托业独有的制度安排，赋予了信托业足够灵活的手段和工具，形成了支撑信托业近年来快速发展的特有信托细分市场。另外，近年来，不少信托公司建立了市场化运作、市场化激励机制，吸引了大量高素质人才加盟信托业。

其次，从"需求"一端来看，信托产品的需求主要受财富市场、信托产品风险收益特征的影响。

第一，随着我国经济的持续增长，我国财富总额和家庭财富也迅速增长，据波士顿咨询公司和中国建设银行私人银行联合发布的《2012 年中国财富报告》，截至 2012 年，我国个人可投资资产总额超过 73 万亿元，较 2011 年增长 14%，其中高净值人群资产总额达到 33 万亿元，增长 12%，其投资需求也日益旺盛。可以说，这是我国信托业高速增长背后的基础。从美国和日本等发达国家的经验来看，信托资产的规模是随着GDP的增长而逐步增长的，一般在GDP规模的两倍左右，而目前，据有关方面统计，我国加上信托业在内的资产管理规模也不过30亿元左右，资产管理市场存在巨大的增长空间（见图2、图3）。

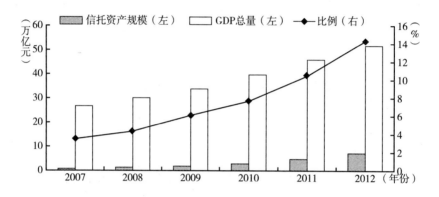

图2　中国信托业资产规模及其占GDP的比重

资料来源：课题组整理。

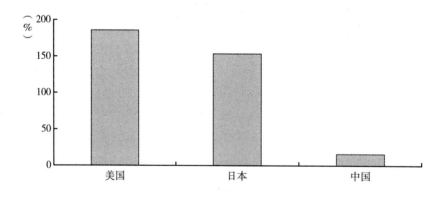

图3　2010年信托资产管理规模占GDP的比重

资料来源：2012年信托行业专题研究报告。

第二，信托产品收益率较高，在金融抑制的情况下，银行存贷款利率受到管制，而信托产品预期收益率无需参照中国人民银行制定的基准利率，更接近真实的市场水平。因此，在追求资产收益率和财富多元化配置的需求下，居民部门金融资产配置从银行存款转移至证券、信托、保险等其他金融产品。另外，投资者对信托产品"刚性兑付"的预期，也使得信托产品一经面世便屡屡出现被"秒杀"的现象。

另外，信托规模的高速增长有其历史必然性。

首先，业务结构"良性调整"。在 7.47 万亿元的信托资产规模中，首先从资金来源来看，信托业主动顺应国家的调控政策，立足市场，回归信托本源业务。单一资金信托、集合资金信托、管理财产信托规模分别为 5.10 万亿元、1.88 万亿元、0.49 万亿元，占比分别为 68.3%、25.2%、6.5%，单一资金信托规模占同期信托资产总规模的比例，自 2010 年中国银监会出台一系列规范银信理财合作业务的监管文件对其进行遏制之后，首次有所回升，但是其中的银信合作信托业务占同期信托资产总规模比例继续下降，从 2011 年的 34.73% 下降到 2012 年的 27.18%。这说明单一资金信托中以高端机构客户驱动的非银信理财合作单一资金信托的规模出现显著增加，与 2011 年相比增加了 90.7%，占同期信托资产总规模的比例则从 2011 年的 33.5% 上升到 2012 年的 41.1%。这意味着信托业务从以银信理财合作单一资金信托"一枝独秀"，演变为以高端机构为核心的大客户主导的非银信理财合作单一资金信托、以低端银行理财客户为主导的银信理财合作单一资金信托、以中端个人合格投

资者主导的集合资金信托的"各领风骚",资金来源更为稳定、可持续。

其次,从信托功能来看,2012年融资类信托、投资类信托、事务管理类信托余额分别为3.65万亿元、2.68万亿元、1.14万亿元,分别占同期信托资产总规模的48.87%、35.84%、15.28%(见图4)。近年来,由于净资本管理等监管政策导向,融资类信托业务占同期全行业信托资产规模比例呈现下降的态势,但是,占比仍然较高。另外,投资类信托规模占比也有所下降,主要是由于事务管理类信托规模上升,2012年事务管理类信托业务余额较2011年增加86%,其占同期信托资产总规模的比例亦增长了2个多百分点,这说明信托公司在资产管理功能之外,开始挖掘信托制度本身所具有的丰富的服务功能,以满足委托人的多样化信托目的。

从资金投向来看,纵观2012年底信托资产分布,基础产业、房地产业、工商企业仍然是信托资产投向的主要板块,各自规模为1.65万亿元、0.69万亿元、1.86万亿元,占比分别为23.62%、9.85%、26.65%。与往年不同的是,投向基础产业资产规模明显增加,与2011年相比增加了62.50%,就其占同期全行业资金信托的配置比例来看,增长了1.7个基点(见图5),这与2012年地方政府因融资平台和土地财政吃紧而催生的融资需求加大的市场效应有关。受到国家对房地产行业宏观调控政策的影响,投向房地产业的信托资产规模无论是从相对量,还是从绝对量上看,都明显减少;与此同时,为顺应国家加大金融支持实体经济的政策,工商企业信托规模持续上

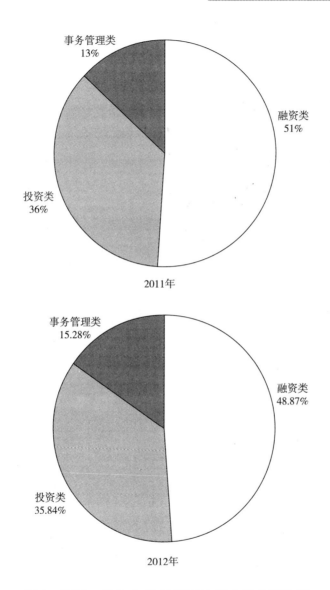

图 4　2011～2012 年信托资产按照功能分类比例

资料来源：中国信托业协会。

升，较 2011 年增长了 96.52%，其占同期全行业资金信托的比例从 2011 年底的 20.41% 上升到 26.65%，保持信托资金第一大配置领域的地位（见图6）。总体上来看，信托资金投向领域的分布是政策和市场综合作用的结果，政策和市场导向效应显著。

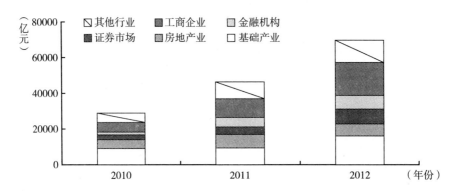

图5　2010～2012年信托资产投向行业分布

资料来源：中国信托业协会。

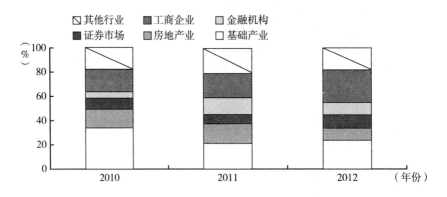

图6　2010～2012年信托资产投向行业占
同期全行业资金信托比例

资料来源：中国信托业协会。

信托业金融机构积极落实信贷政策与产业政策，注重对现代服务业、战略性新兴产业、节能环保产业、文化产业和社会民生领域的信贷政策，严控"两高一剩"行业信贷投放，有效促进经济发展方式转变和结构调整。

二 信托产品不断丰富

（一）基础产业信托：卷土重来

20 世纪末，信托业历经五次整顿，实现了信托业与银行业、证券业的严格分业经营、分业管理，信托产品逐渐成为地方政府融资新渠道，随着 2001 年《信托法》颁布，上海爱建信托投资公司推出了我国第一只基础产业信托产品——"上海外环隧道项目资金信托计划"。近年来，基础产业一直是最大的信托投资领域之一，2008 年经济危机中政府推出 4 万亿元经济刺激计划，引发基础设施信托发行热潮。虽然此后 2009 年 11 月财政部发布《关于坚决制止财政违规担保向社会公众集资行为的通知》，禁止地方政府提供贷款担保，曾导致该类产品陷入低谷，但时隔三年，该类产品卷土重来，陆续兴起。2012 年底，基础产业信托业务余额 1.65 万亿元，占同期资金信托总额的 23.62%，基础产业信托占比自 2010 年底明显下降以来，从 2011 年第四季度开始有所回升，进入 2012 年，每个季度均有所增长（见图 7）。

究其原因，主要是：一方面，为应对国内经济外需不振、内需疲弱、投资受限的压力，地方政府出台一系列扩内需、稳增长的政策，各地基础产业项目陆续上马，再加上地方融资平台债务到期，各地政府面临较大的资金缺口，但是由于中国银

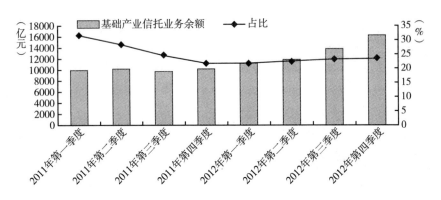

图7　2011～2012年基础产业信托业务余额及
占资金信托余额比例

资料来源：Wind。

监会对银行平台贷款严格限制，政府从银行贷款较为困难。另
一方面，信托公司的支柱型项目之一——房地产信托项目由于
监管层一系列调控政策，增长有所放缓，信托公司急需其他产
品来保持其业绩增长。基础产业信托由于其高收益率、政府信
用担保等优势，受到投资者的广泛追捧。

　　据不完全统计，该类信托产品大部分分布在沿海一线城
市，也包括部分中西部地区。这主要是不同省份融资需求及
信托公司对该地区信用状况、财政实力综合考察的结果（见
图8）。

　　基础设施类信托产品的模式经历了贷款、股权、特定资产
收益权、应收账款受让及财产权等多种模式，可简单分类为财
产权模式和资金信托模式。2012年市场上主要采取财产权模
式、应收账款流动化模式及资金信托模式，前两种本质一样，
均为财产权信托。

　　财产权模式是政府平台公司将承建基础设施项目产生的对

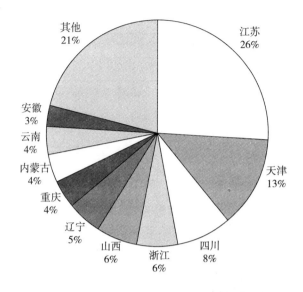

图 8　2012 年基础产业信托分布地区

资料来源：用益信托工作室。

地方政府的应收账款信托给信托公司，成立财产权信托，同时，信托公司向合格投资者募集资金，由合格投资者认购财产信托的信托受益权（交纳认购资金的合格投资者成为信托的认购人和受益人），信托公司将所募集的资金直接支付给平台公司。在信托计划存续期内，由地方政府向信托公司支付应收账款，以实现项目的信托受益权。中信信托通常采取的应收账款流动化模式是指由平台公司与政府之间的基础债权信托给信托公司，通过向合格投资者募集资金，实现应收账款流动化，这和财产权模式本质上相同（见图 9）。

信托公司采取此类模式主要是基于以下两方面的考虑。一方面是通过节省报备时间，在一定程度上满足融资方对资金要求的时效性。监管机构对集合资金信托计划有报备要求，一般

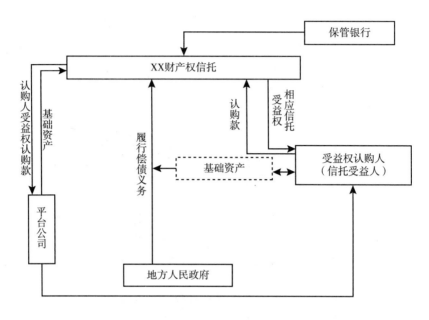

图9 基础产业信托财产权模式交易结构

资料来源：课题组整理。

需要7个工作日，如果采取财产权模式，根据监管规定无需报备。另一方面是该类产品的交易对手一般实力较强，能够接受的融资成本较低，议价空间小，如果采取普通的资金信托模式，难以覆盖其风险系数，而根据中国银监会《关于印发信托公司净资本计算标准有关事项的通知》（银监发〔2011〕11号）公布的风险资本计算表，财产权模式的信托产品与一般的资金信托相比风险系数较低，为0.2%。

另外，市场上部分信托公司发行的基础设施类信托产品仍采取资金信托模式，具体来说可以分为两种，一种是应收债权买入返售，即委托人将其资金委托给受托人，由受托人以自己的名义受让融资平台持有的政府为债务人的应收账款，信托到期时由当地政府偿还；另一种是 BT 项目收益权投资，即信托资金用于向融资平台公司购买其委托代建项目的收益权，信托到期时由该平台公司回购（见图 10）。

确定基础债权	财产权信托成立	信托退出
1.委托人与债务人签署《BT建设协议》或《委托代建协议》 2.签署《债权债务确认书》，对地方政府在《BT建设协议》或《委托代建协议》项下应偿还的债务及还款试点进行确认	委托人与受托人签署《信托合同》，委托人将其享有的对地方政府的应收账款信托给受托人，确立以基础债权设立信托的法律关系；然后根据基础债权金额将财产权信托划分为若干份信托受益权份额，向合格投资者发行	信托退出通过债务人直接向受托人履行债务实现，委托人无权以自己的名义向政府追偿债务

图 10   财产权模式基本操作流程

资料来源：课题组整理。

2012 年，在基础设施信托规模持续上涨的同时，监管政策也不断加码，在 2012 年 11 月对基础产业类信托进行窗口指导，原则上不批新的项目，其后出台的《关于制止地方政府违法违规融资行为的通知》明确规定，"地方融资平台因承担公共租赁住房、公路等公益性项目建设举借需要财政性资金偿还的债务，不得向非金融机构和个人借款。不得通过金融机构中的财务公司、信托公司、基金公司、金融租赁公司、保险公司等直接或间接融资"（见表 1）。这一系列监管举动直接导致该类产品在 2012 年第四季度增速放缓。

表1 关于基础产业信托的相关监管政策规定（2012 年）

时间	相关规定
2012 年 3 月	中国银监会《关于加强 2012 年地方政府融资平台贷款风险监管的指导意见》（银监发〔2012〕12 号）
2012 年 5 月	中国人民银行、中国银监会、财政部《关于进一步扩大信贷资产证券化试点有关事项的通知》（银发〔2012〕127 号）
2012 年 11 月	国土资源部、财政部、中国人民银行、中国银监会《关于加强土地储备与融资管理的通知》（国土资发〔2012〕162 号）
2012 年 12 月	国家发展改革委办公厅《关于进一步强化企业债券风险防范管理有关问题的通知》（发改办财金〔2012〕3451 号）
2012 年 12 月	财政部、国家发展改革委、中国人民银行、中国银监会《关于制止地方政府违法违规融资行为的通知》（财预〔2012〕463 号）

资料来源：用益信托工作室整理。

（二）房地产信托：平稳过渡

2012 年底，房地产信托余额为 6881 亿元，与前几个季度末相比基本持平，较 2011 年底略有下降，其占同期资金信托的比例下降将近 5 个基点。从房地产信托余额占比持续下降可以看出，房地产信托风险正在逐渐释放。另外，2012 年房地产信托新增 3163 亿元，同比减少 15%，其新增规模占比为 7%，新增规模占比在近年不断下降（见图 11）。2012 年该领域新增信托规模下降主要有两方面的原因，首先是国家宏观调控、监管趋紧，部分信托公司更加注意该类项目的风险控制，提高投资项目门槛，降低该领域投资比例；其次可能存在统计失真，由于房地产项目融资较难，部分房地产开发商借关联企业或其他项目的名义申请融资，实际资金流向房地产，从而使统计数据偏低。

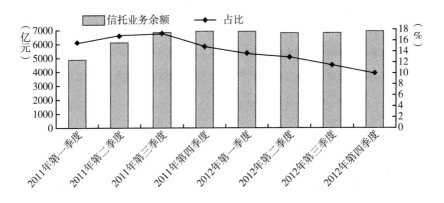

图 11 房地产信托业务余额、占比变化

资料来源：中国信托业协会。

从 2012 年开始，房地产信托到期规模迅速增加，进入兑付密集期，2013 年以来被曝光的风险事件有华澳信托起诉大连实德以及青岛凯悦拍卖案，但都由于信托公司等各方积极处置，没有造成受益人信托收益的亏损。根据用益信托工作室统计，2013 年仍然是房地产信托的兑付高峰期（见图 12）。

我国的房地产信托是在 2002 年 7 月信托业重新开展后逐渐发展起来的。房地产信托发展初期是以"过桥贷款"的姿态出现在大众面前，但并未引起房地产商的重视，也未发挥其应有的作用和力量。纵观房地产信托的发展史可以发现，房地产信托和整个信托业一并经历了 2003 年和 2008 年两次黄金发展期。

第一，2003 年 6 月，中国人民银行出台了《关于进一步

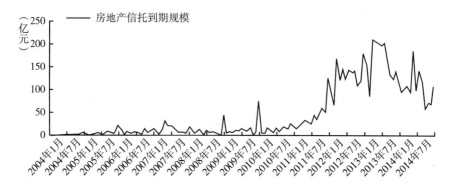

图 12　房地产信托到期规模

资料来源：用益信托工作室。

加强房地产信贷业务管理的通知》（银发〔2003〕121号），
在房地产开发链条中的开发贷款、土地储备贷款、个人住房
贷款、个人住房公积金贷款等多个方面提高了信贷门槛。房
地产企业融资受阻，于是开始将目光投向信托资金。2003年
全年约有70亿元资金通过信托方式进入房地产领域，房地
产信托产品也正式走入投资者视野，并进入了平稳发展
阶段。

　　第二，自2007年3月中国人民银行首次加息，到12月连
续加息六次，同时中国银监会出台了九条新规，严禁银行业金
融机构向项目资本金比例达不到35%（不含经济适用房）等
不符合贷款条件的房地产开发企业发放贷款，房地产企业又陷
入融资困境，房地产信托再次得到发展机会，呈现迅速增长态
势。2008年发行的集合信托产品中，投向房地产的信托资金
为272.2亿元，占全部集合信托募集资金的32.16%；2009
年，房地产信托保持增长势头，全年共有37家信托公司成立

了 186 款房地产集合信托产品，募集资金 375 亿元；2010 年，监管层对房地产信托业务逐步规范，要求信托公司审慎开展，但这并不妨碍房地产信托规模快速扩张，房地产信托产品成立数量为 397 只，同比增幅为 110.05%，成立规模达 1210.62 亿元，同比增幅为 208%。

结合两次黄金发展期来看，房地产信托产品均在偏紧的货币环境下得到爆发。在货币政策偏紧的情况下，一旦银行货币供应减少，信托、私募基金等渠道融资需求就会增多，因此，信托规模有随着银行信贷紧缩而膨胀的趋势。当然，房地产信托产品大多利润率较高，信托公司在银信业务、证券投资业务受限的情况下，也更倾向于选择房地产业务作为业绩驱动力。

（三）资金池信托备受争议

2012 年，如果要评选最受争议的信托产品，那么非资金池信托莫属了，其实资金池这种运作模式并非信托独创，银行理财资金池的运作早已有之。不过，"期限错配"在银行理财资产池产品及信托资金池产品中的运用导致该类产品饱受诟病，引起市场上"借新还旧""庞氏骗局"等种种担忧，2012 年 10 月，中国银监会非银部窗口指导信托公司暂时停止报备新资金池业务，对于存量的资金池信托业务，拟定有关文件予以规范。

套用《信托法》中关于信托的定义，资金池信托是指不特定多数委托人基于对受托人的信任，将其货币资金信托给受托人，形成信托财产资金池，由受托人按自己的意愿，本着受托人尽职和委托人利益最大化原则，将信托资金组合运用于不特定项目投资。从资金来源上看，资金池信托产品通过循环发行不同信托期限的信托单位来募集资金，形成一个资金池，一般来说，受托人会在其官网上公布发行信托单位的期限及其对应的预期收益率，信托单位的期限一般低于一年，其预期收益率受当期市场利率及同期其他类似产品收益率的影响。从资金运用上看，资金池信托采取组合投资的方式，投资于流动性较高或者固定收益类产品，构造一个与资金池对应的资产池，这是风险和收益统筹兼顾的结果，如市场上一款该类产品的投资范围为银行存款、货币市场基金、债券基金、交易所及银行间市场债券以及固定收益类产品（包括期限在1年以内的逆回购、信托产品或信托受益权附加回购的债权或债权收益权、附加回购的股权收益权、固定收益类银行理财产品）等（见图13）。

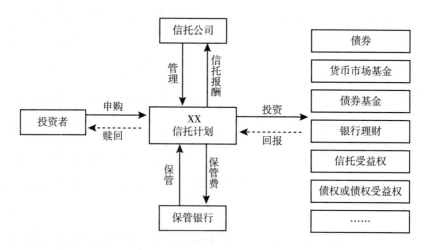

图13 资金池信托交易结构

资料来源：课题组整理。

据统计，2012 年以来，资金池信托规模增长迅速，深受投资者的追捧和认可，几乎每家信托公司都新发了 3 ~ 5 只这样的产品，如平安信托的日聚金跨市场货币基金 1 号，自 2009 年成立以来，截至 2012 年底，资金存续规模据估计已近 400 亿元，所有合格投资者的到期信托资金以及预期信托收益都成功实现兑付。资金池信托之所以广受欢迎，究其原因，主要有以下几个方面。

其一，近年来，无论是现金存款还是货币基金、期限较短的银行理财、证券公司理财等类现金理财产品，均受到投资者广泛欢迎，其背后原因在于随着客户投资产品的多样化，在不同投资期限的间隔段，客户需要高流动性、稳健收益的短期投资品种，以实现资金闲置期的最大收益。而资金池信托期限设置灵活，通常在 1 年以内，虽然年化收益率较一般信托产品低，但满足了对流动性要求较高的投资者的需求。

其二，目前监管部门正积极倡导信托公司培育核心资产管理能力，加大主动管理类信托产品的开发。信托公司传统的项目导向型信托产品发行类似于点状分布，投资项目数量、收益状况不稳定，开发成本高，难以成为信托公司常态化业务。

其三，由于其资金运用的单一性，难以抵御经济周期的影响和不可抗力，无法分散风险。基金化是信托公司转型的必然方向，资金池信托就是在这一背景下应运而生的。除此之外，资金池信托产品可以节省融资方所要承担的募集时间，提高资金使用效率，同时也提高信托公司在项目谈判时的议

价能力。

资金池信托产品的运作即为通过构建资金池与资产池以使其实现动态均衡，其特点可以概括为"期限错配，循环发行，汇集运作"。期限错配是指募短用长，即客户投入的信托单位期限（久期）通常都短于最终投向的固定收益类投资工具的期限（久期）。这样做的目的是获得期限溢价，但是这样做会产生一定的流动性风险，信托公司一方面通过在构建资产池时搭配一定比例的高流动性产品，另一方面通过循环发行来解决这个问题。循环发行是指在信托产品存续期间，设置开放期不断的申购、赎回，以实现资金的持续性募集。汇集运作则是指每期开放募集的资金归集管理，统一运用于符合该类资产池投资范围的由各类标的资产构成的资产包，该资产包产生的收益为募集资金收益的唯一来源。该类产品的运作特点，导致资金池信托产品必然存在借新还旧的现象，资金和项目不存在一对一的关系，任何一个项目发生风险，都会引起连锁反应。因此，资金池信托的管理对信托公司的资产配置和资产管理能力提出了更高的要求。

相比于信托公司传统的一对一信托产品，资金池信托产品具有以下几个方面的优点：一方面，资金池信托产品的运作模式可以形成大规模和持续性的资金优势，保证了资金募集的源源不断，并且通过对募集资金灵活有效的管理提高了业务整体的运作效率。另一方面，信托公司对资金池信托的管理更贴近于资产管理服务，委托人将自己的资产信托给受托人，由受托人提供信托理财服务。信托公司可以根据委托人的风险偏好，通过挑选合适的投资品种，进行业务的量身定制，更好地满足客户的差异化需求。

（四）证券投资信托：波澜不惊

证券投资信托按照交易结构的不同，可分为管理型、结构化、伞形等，其中结构化/管理型是最基本的交易结构，其他类型都是以此为基本单位，在一定的政策与市场背景下衍生创新出来的，如伞形信托下每个独立的信托单元采取结构化的模式，它的产生在一定程度上减缓了当时由于证券账户停止开立、账户价格水涨船高的现象对私募证券的冲击。根据信托业协会公布的数据，2012 年底证券投资信托业务余额为 8065.17 亿元，较 2011 年增长 91.76%（见图 14），这主要得益于投资于债券市场的证券投资信托的增长。2011 年底，投资于债券市场的证券投资信托规模为 2264 亿元；而到 2012 年底，这一数据增加到 5330 亿元，翻了一番有余；进入 2012 年，债券投资信托规模每季度都保持上涨。与此同时，2012 年第一季度至第四季度投向股票市场的信托规模余额却没有太大变化，这主要是由于股票市场的低迷，以至于即便 2012 年 8 月 31 日中国证券登记结算有限责任公司发布《关于信托产品开户与结算有关问题的通知》，意味着停止 3 年的信托产品证券账户开立重新启动，这一利好消息也没有引起股票投资信托太大的波澜（见图 15）。

另外值得一提的是，自 2011 年 6 月中国银监会颁布《信托公司参与股指期货交易业务指引》以来，到 2012 年底，已有包括中信信托、中融信托、长安信托等 8 家信托公司获准进

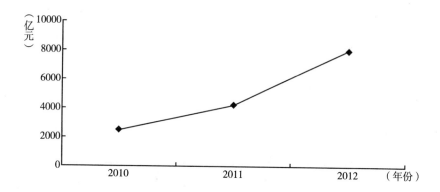

图 14 2010～2012 年证券投资信托规模

资料来源：中国信托业协会网站。

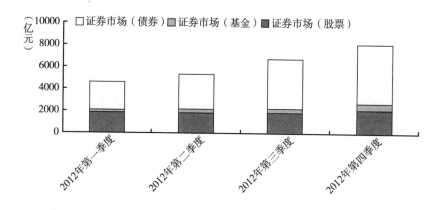

**图 15 2012 年第一季度至第四季度资金信托在
证券市场中的配置规模**

资料来源：中国信托业协会网站。

入股指期货市场。此外，陕国投、四川信托、百瑞信托等多家
信托公司也已提交资料排队申请。股指期货对信托的意义在
于，它增加了套期保值和套利的策略，为证券投资信托增加了
一种避险工具，股指期货更多地体现为一种风控工具，减少了

杠杆率和总额资产配置，有利于信托不去冒很大的风险，从而提升产品净值。

（五）艺术品信托：繁华落尽

与一般信托相比，艺术品信托具有其特殊性，其最显著的特点就是以艺术品为投资方向。艺术品投资涉及经济和文化两个层面，主要是通过购买艺术品、经营艺术品等商业活动带来经济收入。投资者的经济实力和鉴赏眼光决定了艺术品投资的成败。随着国民经济的提升，艺术品信托曾发行火爆，甚至被称为与房地产信托、证券信托并列的三大信托之一。相较于地产信托、证券信托，艺术品信托具有自己的特点：一是房地产市场、证券市场的波动受国民经济周期性波动的影响较大，甚至是超前反应；而艺术品市场的波动受国民经济周期影响不大，与国民经济周期之间没有必然的联系，因此，艺术品也被称为最具"抗跌性"的投资产品之一。二是证券市场的信息、交易相对透明，而艺术品的投资，很多信息的获得、交易的地点与方式等都是分散进行的，与证券市场交易相比，拥有丰富的人脉和独到的眼光更为重要。三是证券市场交易频繁、品种特定，通过交易系统快捷、批量地达成交易；而艺术品市场品种繁多、相同产品数量稀少、投资方式也相对独立。四是由于不是标准化交易，艺术品市场的参与者少，成交价格很大程度上受到参与人审美偏好的影响，因此整体流动性较差，可能会存在艺术品持有人在急需现金时，却一时找不到合适的交易对手，只得低价出售的情况。五是艺术品在鉴定、估值、保险等方面都较为特殊。

与 2011 年相比，2012 年由于艺术品市场本身存在包括鉴定、估值、交易体现等的不完善以及相关法律法规的不健全而暴露出一系列问题，加之国内宏观经济下行，使得该类信托产品在发行规模和发行数量上双双下降。根据用益信托工作室不完全统计，2012 年共有 12 家信托公司参与发行艺术品信托产品，共计 34 只，融资规模达 33 亿元。与 2011 年相比，产品数量减少了 10 只，环比下降 22.73%；发行规模环比下降39.5%，下降幅度较大。

（六）QDII 信托产品：拉开帷幕

自 2007 年监管机构发布《信托公司受托境外理财业务管理暂行办法》（以下简称"暂行办法"），允许信托公司申请合格境内机构投资者以来，截至 2013 年 2 月底，已有 8 家信托公司获得 QDII 额度，合计 49 亿美元（见表 2）。另外，2012年底 QDII 业务余额达到 73.74 亿元，较 2011 年翻了 7 倍有余，占同年信托业资产管理规模的 0.1%。2012 年 11 月，上海信托的"上海信托铂金系列·QDII 大中华债券投资集合资金信托计划"，是国内首例 QDII 集合资金信托计划，募集规模达 10 亿元，主要投资于境外债券，它由光大资产管理公司担任投资顾问、中债信用增进公司作为信用增进机构、浦发银行作为信托计划资产托管机构。在此之前，QDII 产品基本局限于单一资金信托。

QDII 信托产品的设计模式是投资者将投资资金委托于信托公司，信托公司以自己的名义存入境内托管行，再经此环节汇出境外，按信托文件约定方式运用于境外（包括我国香港、

表 2　合格境内机构投资者（QDII）投资额度审批情况

单位：亿美元

信托公司	投资额度获批时间	获批额度
中诚信托有限责任公司	2009 年 12 月 8 日	10
上海国际信托有限公司	2009 年 12 月 8 日	10
中海信托股份有限公司	2009 年 12 月 30 日	2
平安信托有限责任公司	2011 年 9 月 30 日	3
大连华信信托股份有限公司	2011 年 12 月 20 日	3
华宝信托有限责任公司	2012 年 7 月 17 日	5
中信信托有限责任公司	2012 年 11 月 21 日	11.5
新华信托股份有限公司	2013 年 1 月 24 日	4.5

表 3　部分信托公司发行的 QDII 产品

信托 QDII 产品	发行机构	投资顾问	规模	投资品种
海外配置 1 号·上元新京一期单一信托	中诚信托	上元投资	3000 万元	仅限于单一国家或地区市场交易的金融工具,如香港市场
上信铂金·香港市场投资单一信托产品	上海信托	凯石投资	6000 万美元	香港市场发行的股票、基金、债券及投资级以上的金融票据
华宝—境外市场投资 1 号单一资金信托	华宝信托	—	—	在香港市场发行的封闭式基金,该基金专项投资于一年期有担保公司债;以美元认购

　　资料来源：课题组根据公开资料整理。

澳门、台湾地区）进行规定的金融产品和资产管理的经营活动。根据暂行办法，信托投资公司的 QDII 信托产品在投资范围上，无论是单一信托还是集合信托，目前都只能主要投向最近 3 年国际公认评级机构长期信用评级至少为投资级以上的外

国银行存款，国际公认评级机构评级至少为投资级以上的外国政府债券、国际金融组织债券和外国公司债券，中国政府或者企业在境外发行的债券和国际公认评级机构评级至少为投资级以上的银行票据、大额可转让存单、货币市场基金等货币市场产品。以上投资范围有着明显的固定收益类特征。相比于传统的信托产品，信托公司在 QDII 业务中角色更加积极主动，发挥了信息中介、监督中介和风险中介的作用。

三　信托产品"风险频现"

（一）风险事件"不绝于耳"

"物极必反，盛极必衰"。近年来，信托业全行业信托资产管理规模屡创新高，已让拥有传统辩证思维的人们开始担忧其背后隐藏的风险，更不乏担忧"信托业多米诺骨牌倒下"者。当然，这种担忧的产生也未必全然是无源之水、无本之木，翻开 2012 年的媒体报道，吉林信托"金融掮客骗贷案"、中诚信托"诚至金开兑付危机"、安信信托"浙江金磊房地产股权投资信托"等风险事件不绝于耳，这一方面暴露出个别信托公司在尽职调查或者风险控制手段上存在一定的问题，给信托业敲响了警钟；另一方面开始打破投资者对信托产品"刚性兑付"的预期，使信托市场朝着稳定健康方向发展。

信托公司作为金融体系中的市场参与者，本质就是经营风险、管理风险的企业。实践中，个案信托产品出现风险事件，属于十分自然的现象，即使如银行这样在金融子行业中最成熟的行业，在经济下行的形势下不良贷款率也一样会出现上升。投资者已经习惯了股票涨跌、基金涨跌，为什么唯独对信托产品收益要求如此苛刻呢？究其原因，我们认为主要有以下两点。

第一，"刚性兑付"预期。"高风险高收益，低风险低收益"是资本市场的基本规律，可是多年来，信托产品却是"零风险、高收益"，根据《信托公司管理办法》第 34 条第 3 款，以及《信托公司集合资金信托计划管理办法》第 8 条规定，从法理上看，信托产品风险应当由投资者自担，信托公司收取的信托报酬只是信托财产的管理费，以受益人利益最大化和信托合同要求管理资产，在履行了谨慎投资、恪尽职守等职责的情况下，不对投资的损失承担责任，信托财产的损失和收益都归受益人（投资者）所有。但是在长久以来的实际操作中，无论是信托公司本身为了维持其市场声誉保留客户，还是监管层在处理金新信托、伊斯兰信托等事件的方式，以及对诸多信托产品要求到期确保兑付等监管发文，都似乎体现了"刚性兑付"的思路，这让信托产品投资者认为固定收益类信托产品"无风险"。

第二，信托产品流通机制不健全。金融本身就是管理风险，有风险是正常的，关键是如何从制度设计和安排上转移、释放和化解风险。但是目前信托登记制度尚未建立，信托也没有类似于股票、基金的二级市场，除证券类等少量信托产品可以在开放期赎回外，大部分信托产品流动性通常比其他金融产品差，所以信托产品一旦发生亏损，投资者自身的决定权很低，因此对收益性和安全性的要求会相对高些。

（二）是否会引起系统性风险

信托业风险确实存在，任何金融业务乃至整个商业活动都存在风险。只要有面对风险的正确态度，即分析风险、管理风险、处置化解风险，而不猜测风险、夸大风险，则风险并不可怕。但是，信托业个案风险事件的发生是否最终会引致行业系统性风险的爆发？伴随着信托公司风险防线的日益增厚和风险处置手段的逐步增强，我们认为是不会的。

（1）风险防线日益增厚

信托公司作为受托人经营信托业务时，如因未能履行尽职管理职责而造成信托财产损失，信托公司应以其固有财产承担赔偿责任。因此可以说，信托公司的固有财产是其风险抵御的底线，近年来，由于信托公司增资、增实力以及经营状况持续向好，其风险防线日益增厚。

首先，作为资产管理机构，信托公司市场准入的资本门槛一开始就远远高于其他同类机构，最低资本要求不得低于3亿元，而且对于某些特定信托业务的经营，还规定了更高的资本门槛，如信托公司要申请信贷资产证券化受托人资格，其最低资本门槛就不得低于5亿元；要申请开办受托境外理财业务，最低资本不得低于10亿元。

其次，近年来信托公司固有财产实力增强。一方面，是由于2010年中国银监会发布《信托公司净资本管理本法》，规定信托业务的规模需要与净资本的大小相挂钩，信托公司因此纷纷增资扩股。据不完全统计，2012年度爱建信托、苏州信托、中融信托、华鑫信托等信托公司完成增资，增资额度均超过 10 亿元，信托公司固有财产日益增多，风险抵御能力得到不断提升。尤其值得关注的是爱建信托，增资 20 亿元后注册资本达到 30 亿元，仅次于平安信托的 69.88 亿元，与昆仑信托并列第二位。另一方面，近年来信托公司经营效果持续改善，2010 年全行业利润总额为 158.76 亿元，每家（按 60 家计）平均利润为 2.56 亿元，行业人均利润为 212 万元；2011 年全行业利润总额增加为 298.57 亿元，同比增长 88.06%，每家（按 66 家计）4.52 亿元，行业人均利润增加到 250 万元；2012 年全行业利润总额为 441.40 亿元，同比增长 47.84%，行业人均利润增加到 291.3 万元。

（2）风险处置手段日益升级

随着信托产品风险的日益暴露，信托公司风险处置手段也在实战中逐渐升级。信托终止时，受托人按照信托合同约定需要向受益人支付信托资金及预期信托收益，如果当时现金类信托财产的金额无法覆盖应向受益人支付的信托资金及预期信托收益总和，则该信托项目出现风险。此时可能有两种情况，一是发生流动性风险，即信托终止时信托财产足值，但是由于技术、操作等原因导致变现处置需要一定的时间，或者说是融资方出现暂时的资金周转困难，这种情况首先可以通过召开受益人大会，对信托计划进行延期，然后在延长期内以合适的价格将信托财产变现或进行抵质押物的处置。市场上资产管理公司等第三方公司愿意接盘的项目通常是出现了暂时流动性风险的项目。二是发生价值风险，即信托终止时信托财产发生重大损失，或者融资方已没有能力偿还，此时受托人可能会通过追加抵质押物、寻求其他资金接盘，或者股东出面协调解决，下面

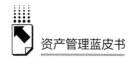

简要介绍几种常见的方式。

A. 信托计划延期

如果项目现金流出现问题，导致没有足够的资金用于信托计划兑付，出现暂时性的流动性风险，此时，延期或许可成为化解信托项目兑付危机的方式之一，信托公司可以在信托项目延长期间处置抵质押物或者寻求外部资金来源等，如中信信托三峡全通计划因三峡全通公司违约，导致其优先级信托受益权无法于预定到期日届满时获得足额兑付，因此将该项目延期3个月进行相关处置安排。按照《信托公司集合资金信托计划管理办法》规定，出现需提前终止信托合同或者延长信托期限等事项时，需要召开受益人大会进行审议。另外，该办法第42条中有以下规定，"出现以下事项而信托计划文件未有事先约定的，应当召开受益人大会审议决定"。由此我们可以清晰地看出，在"受益人大会审议事项"中适用的是"信托合同约定优先"原则。也就是说，如果信托合同中已经对"延长信托期限"等事项的处理方式进行了事先约定，则无需交由"受益人大会"审议决定。例如，有的信托合同中有如下条款："资产出让方可在信托计划期限届满1年前3个月提出书面申请并经受托人认可，可将信托计划期限增加1年。"有的则约定："本信托计划期限为12个月，信托期限届满，信托财产未能及时变现时，信托期限自动顺延至信托财产全部变现之日。"

B. 担保的实现

在信托终止时，融资方无法偿还借款或按协议约定支付回购款的，受托人可以处置抵质押物，或者向保证担保人进行追偿。

关于抵押权的实现，其方法有折价、拍卖、变卖三种方式，折价又被称为协议取得抵押物，是指抵押权人以确定的价格取得抵押物所有权以受偿其债权；拍卖又被称为竞卖，是指以公开竞价的方法把标的物卖给出价最高的人；变卖是以一般买卖形式出售抵押物，以所得价款优先偿还抵押债务的一种方式。这三种抵押权实行方法存在着一个前提，即均须由抵押人和抵押权人协商同意。如果抵押人和抵押权人协商不成，抵押权人可以向人民法院提起诉讼，而不能直接申请法院拍卖抵押物。如果在信托产品的风控措施设计中存在强制执行公证措施，则当债务人逾期不还款，抵押权人可以基于强制执行公证书向公证机构申请强制执行证书，再持强制执行证书向债务人所在地人民法院申请强制执行。质押权的实现方式与抵押权相同。

关于保证担保的实现，保证担保作为《担保法》所对应的五种担保方式之一，是唯一的人的担保，根据《担保法》的规定，要实现保证债权利益，受托人应在合同约定的保证期间和法律规定的保证期间内对债务人提起诉讼或仲裁；对于连带责任的保证人，应在合同约定的保证期间内和法律规定的保证期间内要求保证人承担保证责任，否则保证人将免除保证责任。

但是需要注意的是，资产处置需要一定的过程，即使抵押物进行风险处置，也需要信托公司向法院提出申请，由法院进行处置，不是信托公司独立可为的。法院进行司法处置的时间周期则是信托公司本身难以控制的，这也成为信托公司风险处置的现实压力。目前，在很多情况下，信托公司为了维护其声誉，可能会以第三方资金先行偿付后，再对抵押、质押物进行

变现处置。

C. 资产管理公司接盘

信托计划到期寻找第三方资金接盘也是信托公司处置发生兑付风险的信托产品的一种常见方式，我国金融资产管理公司是经国务院设立的收购国有独资商业银行不良贷款，管理和处置因收购国有独资商业银行不良贷款而形成的资产的国有独资非银行金融机构，其在各地设有分支机构，具有较为丰富的诉讼和强制执行追索债权的经验和资源，而且与各地政府、银行、国企的合作由来已久，因此其在接盘存在兑付问题的信托项目时存在一定优势。2012年8月中国银监会拟定的《金融资产管理公司收购信托公司不良资产业务指引》（以下简称《指引》）对信托公司不良资产的边界、收购范围，资产公司的风险控制、操作合规性等做出详尽的规定。《指引》所指的信托公司不良资产是由信托公司以固有财产开展业务或因管理运用、处分信托财产形成的不良债权。主要包括以下六类形式：①信托公司以自有资金开展业务产生的不良债权；②信托公司开展信托贷款业务形成的不良债权；③信托公司开展特定资产收益权类信托计划业务形成的不良债权；④信托公司开展附回购条款的股权投资类信托计划业务形成的不良债权；⑤信托公司设立结构化信托计划，优先级受益人以现金认购优先级受益权，劣后级受益人以其持有的债权资产认购劣后级受益权，由于债务人未按期履行偿付义务，信托公司通过处分上述债权财产而形成的不良债权；⑥信托公司开展其他业务所形成的不良债权。此六类形式包含了可以收购的全部不良信托。其中第一类与金融机构不良资产类似，是以自有资金开展业务产生的不良资产。而权益类信托计划产生的不良资产，如信托计划中一方有回购义务而不履行，就作为不良债权认定，中国银监会关于此类业务明确了准入，这也是大多数房地产信托接盘的模式。

数据显示，2012 年房地产信托总到期规模超过 1700 亿元，总量较大而且兑付时间相对集中，再加上房地产调控政策未有放松，房地产信托危机四伏，资产管理公司、私募基金等各路的资金却蠢蠢欲动。目前市场上主要是由资产管理公司进行接盘，据了解，截至 2012 年上半年，信达、华融、东方和长城四大资产管理公司收购的房地产信托规模已超过 300 亿元。一般来说，资产管理公司接盘的房地产信托通常满足四证齐全、资金价值充足、可变现性较强等条件，其流程大致包括以下几个步骤：第一，形成不良债权。对于贷款模式的房地产信托，首先由项目公司出具函件说明无法还款，从而信托公司向资产管理公司出具不良债权证明文件；对于以股权附加回购模式操作的房地产信托，由项目公司股东与信托公司签署股权回购协议，确认信托公司对项目公司的债权，然后项目公司出具无法还款的函件，再由信托公司向资产管理公司出具不良债权证明文件。第二，签署债权转让协议、债务重组协议等相关协议，约定信托公司将其享有的对融资方的不良债权转让给资产管理公司，资产管理公司支付转让价款。另外，在资产管理公司支付转让价款之前，融资方应将信托计划剩余金额支付给信托公司。第三，办理债务重组涉及的抵质押手续。第四，涉及股权过户的办理工商变更登记手续，如以股权附加回购模式操作的信托计划，需要将股权从信托公司名下转回原融资方。第五，资产管理公司按照约定支付债权收购价款。

另外，在不少信托项目在信托成立之初，资产管理公司就与信托公司或者相关方签订远期受让协议，为项目的兑付提供潜在或者间接的保障。

D. 股东协调

根据中国信托业协会的问卷调查，在企业风险管理活动中，76%的信托公司认为股东起到很重要的作用，16%认为重要性中等，只有9%的认为重要性一般。股东对信托公司风险管理的影响主要体现在：股东的要求决定了信托公司的文化、治理结构、制度建设等方面的风险管理体系建设；股东的风险偏好影响着信托公司的风险管理决策和效率；股东的入股意愿和支持力度对信托公司确定合理的风险承受水平有重要影响；股东的投融资经验及相关风险控制体系可以向信托公司传输；股东平台可以为信托公司创造相关业务的便利。

信托公司多数有比较强大的股东背景。通常情况下，在信托产品发生兑付危机时，股东为了保全信托公司的行业声誉，可能通过受益权转让的方式实现该项目的兑付。另外，由于股东的资源广泛，通常有能力协调相关政府机构，帮助信托项目实现兑付。

四 信托公司寻求转型

2012年以来，相关监管部门针对资产管理市场出台的包括《基金管理公司特定客户资产管理业务办法》《证券公司客户资产管理业务管理办法》《证券投资基金法》（修正案）等一系列"新政"，目的在于给基金、证券等其他金融同业资产管理业务进行"松绑",预示着"泛资产管理时代"的来临,信托公司依靠原有业务模式坐享制度优势的时代即将终结,其传统经营业务模式将遭到其他资产管理公司的简单模仿,信托公司寻求转型已迫在眉睫。

实际上,在 2007 年"新两规"出台前,信托公司可以说是无战略型机会主义者,"什么赚钱做什么",先后从事过贷款、拆借、担保、租赁、国库券买卖、债券承销、股票经纪、股票承销等多种业务,缺少自己的主业。2007 年,信托业第六次整顿,信托公司开始剥离实业投资资产、压缩自有业务、更换金融牌照,大力发展信托主业。在实现信托资产规模和盈利水平快速增长的同时,也开始探索自身业务模式,逐步步入转型阶段,转型的核心在于信托公司是"信托产品提供者"还是"信托服务提供者",或者说是"以产品为中心"还是"以客户为中心"。资产管理就是以产品为中心,对资产进行管理和运用,达到保值增值的目的。财富管理是以客户为核心,通过分析客户财务状况和风险偏好发掘其财富管理需求,制定财富管理目标和计划,平衡资产和负债,以实现财富的积累、保值、增值和转移(见表4)。

表4   财富管理和资产管理的区别

分类	核心	方式	标的	目的
资产管理	资产	对资产进行管理和运用	目前的资产(多为金融资产)	资产保值增值
财富管理	客户	分析客户需求制定目标和计划提供个性化服务	目前和未来的资产和负债(实物/无形/金融)	财富积累、保值、增值和转移

资料来源:中国对外经济贸易信托有限公司。

目前，我国高净值人群已初步成长起来，他们的投资欲望和投资能力更强，需要更多的培育和了解。据波士顿咨询公司和中国建设银行私人银行联合发布的《2012年中国财富报告》，截至2012年，我国个人可投资资产总额将超过73万亿元，较2011年增长14%，其中高净值人群资产总额达到33万亿元，增长12%。同时，在大资管时代，财富管理市场已被其他竞争者盯紧，因此，信托公司渠道建设已刻不容缓，在自建渠道的同时，产品开发需更加强调自主管理能力，由被动管理向主动管理过渡。现阶段，信托公司应加强渠道、产品两方面的独立性和自主性，改变以前"两头在外"的被动格局，逐渐形成拥有核心竞争力的行业（见表5）。

表5　部分信托公司渠道建设情况

渠道情况	尚未建立	渠道建设中			渠道已成熟	
公司名称	上海信托	中信信托	外贸信托	华润信托	平安信托	中融信托
发展状况	2002年建立直销团队，至今已10年	2011年开始直销，2012年开始筹建财富管理中心	2011年2月正式重新启动直销业务	2011年5月开始直销，2012年初改名"财富管理中心（深圳）"	2007年开始建立财富管理团队，2011年根据发展需要成立"平安财富"	2003年1月成立"私人银行部"，2009年改名为"财富管理中心"
网点布局	无异地分部	北京总部，下设四个分部：北京（筹）、上海（筹）、广州（筹）、杭州（筹）	北京、太原、深圳、成都、上海	深圳、上海、广州	共开设13个网点，主要分布在沿海及内陆的经济发达城市，如北京、上海、深圳、广州等	2012年8月将原北方、华东大区分离出公司，参股成立"新湖财富"；西南财富分部正在进行全国布局

渠道情况	尚未建立	渠道建设中			渠道已成熟	
人员（总部）	共 28 人，客户经理 20 人，中后台支持 8 人	北京(30 人)	北京(20 人)	深圳(24 人)	2011 年底近 800 人，一半为交叉销售，一半为直销；销售人员下沉到各地，总部实施管理职能	"新湖财富" 200 余人，西南财富 50 余人
人员（异地分部）	无	异地分部尚未建立，计划各分部设客户经理若干人、投资顾问和客服各 1 人	目前共 17 人，未来还将陆续增加	上海（6人），广州（2 人）		

资料来源：2012 年信托行业专题研究报告。

　　未来，经过渠道和产品开发两方面建设或者在其建设的过程中，信托公司积累了足够的客户资源和丰富的产品，信托公司业务导向可以有意识地选择是沿着"产品专业化"还是"客户专业化"方向发展。从国际上信托公司发展来看，信托公司沿着"产品专业化"发展维度，涌现出一批以资产管理和证券化为主营业务的信托公司；沿着"客户专业化"发展维度，涌现出一批服务于高端客户、提供独立账户管理和定制化服务的信托公司。在竞争日益激烈的理财市场中，信托公司逐渐走上"客户专业化"与"产品专业化"相结合的道路，即为高端客户提供以客户定制为中心的财富管理服务和以产品设立为中心的资产管理服务的特殊金融机构。现

阶段，无论选择何种发展方向和转型策略，信托公司的定位都应是"专业化"，都应在提高专业投资管理能力、增强开发和服务高净值客户的能力、加快信息化建设步伐、加强研究与创新以及人才培养等方面继续努力，如此才能更好地适应未来发展需要。

B.7

中国信托业新五年

发展展望（2013～2017 年）

课题组

摘　要：

随着大资管时代的来临，信托业如今也正面临着前所未有的竞争和挑战。从长远看，我国信托业仍有广阔的发展空间，行业资产管理规模有望继续攀升，但是当前信托业的主流业务模式仍然存在一些压力与挑战。信托公司未来真正的增长驱动必然依赖于全面的创新。

关键词：

大资管时代　信托业　竞争挑战　制度红利　创新

一　信托业规模是否"见顶"？

近年来，信托业整体保持了高速发展的势头，管理的信托资产规模从 2007 年底的 9491 亿元增至 2012 年底的 7.47 万亿元，2013 年 3 月底进一步增至 8.73 万亿元，年增速超过 30%（见图 1）。如今，信托行业管理的资产规模已经超越保险行业，跃居成为仅次于银行的第二大金融行业。

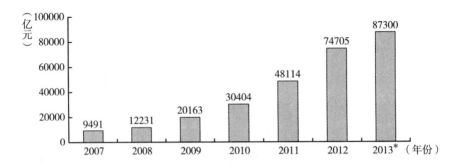

图1　信托行业信托资产管理规模变化

注：2013年为3月底数据。

资料来源：信托业协会，课题组整理。

然而，随着大资管时代的来临，信托业如今也正面临着前所未有的竞争挑战。因此，不少人开始质疑，过去几年信托业在快速发展过程中所具备的优势可能将不复存在，当前信托业的制度红利越来越趋于淡化，且信托业巨大的规模背后也隐藏着巨大风险，信托业的规模可能已经"见顶"。

其实，人们对信托行业的质疑并非没有道理。但是，如果现在就断定信托业规模已经"见顶"，可能还为时尚早，且不太妥当。

（一）巨大的信托规模背后并不等于蕴藏着巨大的风险

过去的一年，部分信托公司的个案信托产品风险事件时有发生，引起社会的高度关注。其实，信托公司本身是金融体系中的经营主体之一，金融业经营主体的本质是经营风险、管理风险的机构。因此，信托业管理的近10万亿元信托资产背后难免存在一定的风险。不过，当前信托业整体的风险并不太大，且处于良好控制状态之下。即便部分信托公司偶有个案信托产品风险事件的发生，这样的风险更多的是流动性风险，而非信托公司可能违约的信用风险。

首先，当前信托行业整体风险可控。尽管截至 2013 年第一季度末行业的信托资产规模达到 8.73 万亿元新高，但是巨大的资产背后并不等于蕴藏着巨大的风险。其中，风险较低的单一资金信托业务与管理财产信托业务合计规模高达 6.64 万亿元，共占比 76.02%。信托公司在上述两类业务中，主要承担被动管理或事务管理职责，并且大多通过设置原状分配条款、延期条款等来控制风险，项目整体风险极低。对于占比较少的集合资金信托项目，信托公司大多要求针对各种风险进行严格的"事前防范、事中控制、事后监督"，在合法合规且符合监管部门要求的前提下谨慎开展此类业务，并通过设置较为充足的抵质押担保、实际控制人连带责任保证等多种风控措施相结合，做到实质风险可控。

其次，信托公司可能违约的信用风险较小。近年来，虽然部分信托公司的个案信托产品风险时有发生，但信托业发展总体平稳，并没有出现人们所担心的系统性风险、区域性风险。这主要是因为在大多数信托产品风险个案中，基本都是交易对手融资方出现了违约或可能违约的情形，而非信托公司层面的违约发生。事实上，此类风险个案中大多数信托公司面临的风险是流动性风险，即信托期限届满或者在一定的承诺期限内，由于交易对手融资主体没有及时兑现已取得的收益，导致信托业务存在违约或者未实现预期的可能性。但是，信托公司大都通过对抵押物实施降价权、处置

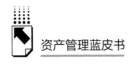
变卖抵押物等各种手段将此类风险化解。截至目前，仍无一家信托公司出现不能按期向投资者支付信托本息的情形。

最后，从信托的制度安排上讲，信托融资业务与银行贷款业务也存在本质的不同（见表1），因此两者的风险性质也存在本质的区别。在受托人充分履行尽职管理职责的前提下（包括但不限于谨慎运用信托财产，尽力化解、处置信托财产已经发生的风险等），信托财产所发生的一切风险均由受益人承担，受托人仅以信托财产为限向受益人承担支付信托利益的义务。随着未来投资者对信托制度的认识加深，对信托产品的特征更为了解，信托业当前的风险也将逐步得到投资者的认同与接受。

表1　信托融资与银行贷款业务的区别

业务类型比较项目	信托融资业务	银行贷款业务
核心交易	资产管理	存贷款
与客户间基本法律关系	信托关系	债权债务关系
融资功能	直接融资	间接融资
资金经营风险责任	风险由委托人承担	银行直接对风险负责
基本利润来源	约定佣金	存贷利差
管理原则	经营核心是财产的保值和增值，以稳健和开拓并重	典型的负债经营，以安全性、流动性和盈利性并重的审慎稳健经营为原则
业务难度	技术复杂，对人员要求高	相对简单
投资人收益确定性	不确定（相对更高）	确定
与经营财产相关性	他益	自益
决策独立性	投资者意图基础上具体判断	完全由投资者掌握
决策立场	投资者利益	主要为本机构经营效益

资料来源：西南财经大学信托与理财研究所。

（二）信托业当前正处于转型发展的过渡时期

在规模数量增加的同时，中国信托业的"质"变也在悄然地发生。

第一，2010 年底，全行业经营收入 283.95 亿元，信托业务收入 166.86 亿元，占比达 58.76%，首次超过固有业务收入，2013 年第一季度末，行业信托收入占比更是高达78.11%，标志着信托业一改过去"金融百货公司"时代"有信托之名，无信托之实"的发展模式，已经确立了以信托业务为主的盈利模式。

第二，2011 年之前，信托业增长的主动力是"通道"类的银信合作业务，而 2011 年以后，增长的主动力不再仅仅是银信合作业务。

事实上，目前信托业已经演变为以高端机构为核心的大客户主导的"非银信合作单一资金信托"、以低端银行理财客户为主导的"银信合作单一资金信托"、以中端个人合格投资者主导的"集合资金信托"的"三足鼎立"发展模式。正是由于这样"质"的转变，使得信托业已经具备了一定差异化的竞争能力。随着转型发展程度的加深，我们有理由相信信托业的规模能够在大资管时代的竞争冲击下，在中国银监会 2013年"8 号文"出台后，继续发展壮大。

（三）信托公司依然具备独一无二的信托制度优势

近十年来，银行、证券、保险推出的理财产品都直接或间接采用了信托原理或制度规则，但只有公募证券基金的法律关

系被明确为信托关系，且公募基金对信托制度的运用范围仅限于证券投资领域。如前所述，由于上位法对分业管理体制的限制，以及国务院对证券公司等的资产管理业务明确为委托代理关系，其他机构暂时不能像信托公司一样发挥信托法赋予的制度功能，从而使商业银行、证券公司、基金子公司、保险资产管理的资产管理业务，不管其实质上如何扩展，但形式上还不属于真正法律意义上的信托业务，其受托财产也难以具有信托财产的法律地位，因此，投资者也难以获得信托制度下的严密保护。

由此可见，虽然混业经营的大资管时代已经来临，但是由于顶层法律的制定与修改仍需要一定的时间，故"分业经营，分业监管"的监管格局暂时还将延续，信托公司在这样的制度背景下依然具备独一无二的制度优势。随着未来理财业务客户多元化、长期化和安全隐秘性等要求的提高，信托制度的价值还将逐步提升。

即便未来我国资产管理行业的制度最终统一为"信托关系"，信托公司依旧可以运用信托制度进行资产管理，并且还可以在"资产管理功能"之外进一步挖掘信托制度的其他优势。因此，信托公司所谓的"制度红利"并未因大资管时代的到来而完全消失，关键是看信托公司如何充分利用信托制度的优势，形成信托行业发展的新增长极。

（四）大资管的市场空间依旧广阔

近年来，随着我国经济、金融的快速发展和居民财富的不断增长与积累，大资管行业的资产管理规模也在大幅增长。截

150

至 2012 年底，我国资产管理行业总规模达到 28.94 万亿元，其中，证券投资基金资产净值 3.53 万亿元，银行理财产品余额 7.1 万亿元，证券公司受托管理资金业务 1.89 万亿元，信托资产 7.47 万亿元，保险资产 7.35 万亿元，各类创投与私募股权投资 1.6 万亿元，等等（见图 2），资产管理规模较 2011 年底增长 30%。

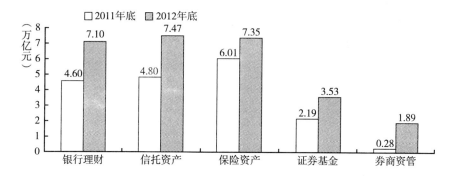

图 2　大资管行业各金融机构资产管理规模变化对比

资料来源：银监会、保监会、信托业协会、证券业协会、基金业协会。

尽管我国大资管行业资产管理规模达到历史新高，但是纵观全球，我国当前大资管行业无论管理资产规模总量，还是其在 GDP 中的占比，均与信托业务成熟的国家仍存在着较大差距，远未达到饱和状态。

根据 2012 年底的最新数据统计，美国和日本的信托资产规模分别为 179.9 万亿元和 49.55 万亿元（见图 3），其在 GDP 中的占比分别为 185.7% 和 137.9%（见图 4），中国大资管行业管理资产目前 29.4 万亿元的资产管理规模与 56.6% 的 GDP 占比仍然与美国、日本存在较大差距，但是这样的差距正在大幅缩小。国外历史数据表明，在完成财富的原始积累后，资产管理规模将以大幅超越 GDP 的增速迅速膨胀。因此，与国外信托发达国家相比，我国大资管行业未来发展空间巨大。

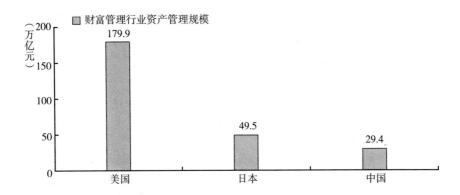

图 3　截至 2012 年底美日中三国大资管行业管理资产规模对比

资料来源：globalcustody. net、日本信托协会、中国信托行业协会、中国证监会。

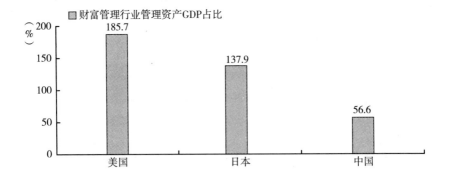

**图 4　截至 2012 年底美日中三国大资管行业
管理资产占 GDP 比值对比**

资料来源：www. globalcustody. net、日本信托协会、中国信托行业协会、中国证监会。

除了与国外相比有较大差距之外，我国大资管行业与银行业 131.3 万亿元的总资产规模（截至 2012 年 12 月底）相比，目前 28.94 万亿元的资产规模仍然很小。随着未来我国金融脱媒的趋势加剧，银行业庞大的资产蛋糕可能将被信托公司等各家财富管理机构不断瓜分。因此，从国内金融市场看，中国大资管行业的发展空间也无比巨大。

　　另外，截至 2012 年 12 月底，中国 M2 数量规模达到 97 万多亿元（见图 5），排名世界第一，货币超发现象仍较为突出。因此，我国通货膨胀问题并未得到实质性解决，居民的理财需求非常旺盛。尽管我国经济增长近期呈现放缓的趋势，但在未来几年仍将保持相对较快的增速。而得益于中国经济的持续较快增长，中国高净值人士群体也将在未来数年进一步扩大。

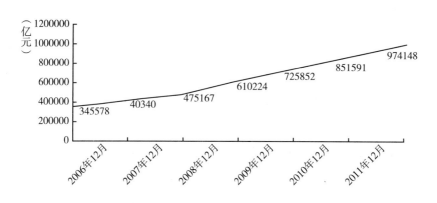

图 5　我国 M2 数量变化

资料来源：中国人民银行网站。

　　据估计，未来三年我国的高净值人士和超高净值人士群体的年复合增长率将达到 20% 左右。到 2015 年，高净值人士人数预计将达到近 200 万人，超高净值人士人数将达到近 13 万

人，是 2012 年人数的近两倍。

综上所述，无论与国外发达信托国家对比，还是与国内银行规模对比，我国大资管行业都仍有较大的增长空间，并且我国经济仍将保持较快增长，高端财富群体也将进一步扩大。因此，大资管行业的资产管理规模远未达到饱和状态，未来几年我国大资管行业发展前景依旧非常广阔。在这样的背景下，信托业的资产管理规模也有望继续攀升，更好地推动国民经济发展，真正发挥金融行业的支柱作用。

二 信托业当前的业务模式面临哪些问题？

从长远看，我国信托业仍有广阔的发展空间，行业资产管理规模有望继续攀升，但是当前信托业的主流业务模式仍然存在一些压力与挑战，主流业务模式有待完善。

（一）来自房地产信托业务的挑战

由于房地产调控政策的持续以及行业内部分信托公司房地产信托业务风险个案的发生，信托公司对发行房地产信托普遍采取了相对谨慎的态度。目前，行业房地产信托业务的整体发行规模有所放缓。根据信托业协会的统计数据，房地产信托业务规模占比已于 2011 年底出现拐点，并呈现出持续下降的趋势（见图 6）。

另外，目前信托公司传统集合资金信托计划的房地产信托主流模式仍为信托贷款，该类模式下的融资方需满足"432"条件规定，与银行向房地产企业发放贷款条件相似。由于从

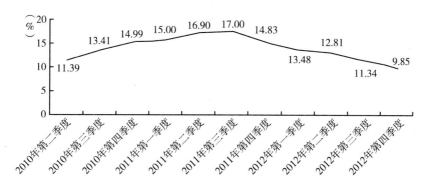

图6　房地产信托业务占比变化

资料来源：中国信托业协会、课题组整理。

2012年底开始，商业银行向排名靠前、实力较强的大型房地产企业发放开发贷款已经呈现出放松的迹象，万科、保利等实力较雄厚、资质较好的房地产企业能够以更低的成本从银行获取融资。在2013年初，大多数信托公司在房地产业务开展方面，往往面临"两难"的境地。如果信托公司选择与项目资质较好的交易对手合作，企业融资成本往往偏低，信托计划难以获取以往的较高收益；而项目较低的收益水平可能对投资者缺乏吸引力，使得信托产品难以发行；如果信托公司选择维持以往的较高收益，则往往难以寻找资质较好的房地产项目，资质较差的项目未来又可能存在较高的风险。

　　在这样的背景下，信托公司需要在现有房地产信托业务基础上，进一步加强自身风险管理能力，丰富资金运用手段，深度挖掘信托制度优势。与此同时，在传统房地产贷款融资模式之外，信托公司可以探寻更多新型房地产信托业务模式，从而更加深入地为房地产行业服务。

（二）来自矿产能源信托业务的挑战

由于山西、内蒙古、贵州等省或自治区推进煤炭及其他矿产的资源整合，部分矿产能源企业为了筹集资金、收购资源和提升产能，产生了一批矿产能源信托的现实需求。因此，近一两年来，业内不少信托公司也在矿产能源领域信托业务方面进行了一定的创新尝试。但是，由于煤矿能源行业整体呈现出下行趋势，采矿权证抵押担保难以落实，煤矿等资源整合过程中当地政策风险难以把握，矿产资源价值认定难度较高，以及煤矿企业实际控制人的真实信用状况难以充分掌控等，加之业内部分信托公司的矿产能源信托计划出现了兑付风险，多数信托公司对矿产能源信托望而却步。

但是，从长期发展来看，如果能加强自身主动管理能力，对煤炭矿产行业能够有更加深入的了解，信托公司在此类业务开展方面仍然会有较大发展空间。

（三）来自基础设施类信托业务的挑战

基础设施类项目具有资金需求大、建设周期长、投资回报低等特点，由于其产出的长期性，为消除城建投资中的"代际不公平"问题，需要进行举债建设。但是，由于偿债机制尚不完善，各地政府下辖的城建集团负债急剧攀升。从2010年6月国务院《关于加强地方政府融资平台公司管理有关问题的通知》下发开始，以银行信贷为主的传统融资方式日益受到严格监管。这迫使投资需求依然旺盛的地方政府不得不开始寻觅其他替代性融资工具，其中的替代性融资工具之一就包括信托公司发行的信托计划。

进入 2012 年，信托公司抓住这一机遇，通过应收账款等财产收益权的信托模式，与地方政府合作，发行政信合作信托产品，政信合作信托规模扩张较快。但是，地方政府融资平台公司通过传统的银行信贷之外的渠道融资，往往背后连带着地方政府未来的财政风险，一旦公共债务过度，就可能导致银行体系、债券市场甚至社会的不稳定，引发系统性风险。另外，由于地方政府财政信息不太透明、风险控制措施不甚完善等问题难以有效解决，地方平台类融资业务大规模增长所带来的风险也受到了监管部门的高度重视。2012 年 12 月 29 日，由财政部等四部委最新发布的《关于制止地方政府违法违规融资行为的通知》（财预〔2012〕463 号）对信托公司的"政信合作"业务予以了严格的限制，其中地方各级政府不得以未来土地出让收入为融资平台公司的还款来源，不得通过出具担保函、承诺函、安慰函等形式直接或变相为融资提供担保承诺等诸多限制性条款，将使当前的"政信合作"模式受到很大影响。2013 年初，行业内基础设施类信托业务的开展事实上也确实受到了一定程度的影响。尽管"463 号文"并没有完全限制信托公司开展基础设施类信托业务，但是信托公司未来开展此类业务更多地只能选择项目本身盈利能力水平较高，且地方财政收入实力较强的优质项目进行。如果遇到财政实力较弱的地方政府，由于受到"463 号文"的影响，其项目还款的能力可能被进一步弱化，实质风险也有可能被进一步放大，即使最终项目不会出现违约的风险，也有可能被媒体炒作，以至于影响公司声誉。

不过展望未来，我国基础设施类建设的需求依旧旺盛，信

托公司可以在传统业务模式外，更加充分地利用信托平台整合各类资源与各种金融工具的优势，寻求更加丰富的投融资手段运用于基础设施建设，支持实体经济发展。

（四） 来自另类投资信托业务的挑战

2012年以来，不少信托公司在艺术品类、酒类等投资领域进行了创新尝试，试图开辟一片信托业务的新蓝海。但是，由于艺术品类、酒类投资整体市场规模较小，并且投资标的在鉴定、交易等方面专业性较强等原因，此类业务暂时只能作为一种另类投资信托计划开展，其规模难以扩大。加之无论是酒鬼酒这样的普通白酒，还是茅台这样的高端名酒，均深受"白酒塑化剂事件"影响，以及新任中央政府"反腐倡廉"政策的力度加强，高端酒类市场投资的不确定性进一步加大。由于另类投资信托计划的风险受到了财经媒体的高度关注，信托公司短期内在此类业务的开展方面也遇到了更大的阻力。

综上所述，信托公司当前业务模式面临着诸多挑战，但是如果能够积极应对挑战，更加深入地挖掘信托制度优势，信托公司有望在未来发展过程中创造出新的增长极，更好地迎接大资管时代的到来。

三 大资管时代下信托业会如何演变？

（一）创新驱动发展

核心能力理论以及企业演进的历史均表明，核心能力的源头是企业的核心优势，必须将核心优势发挥得淋漓尽致，方能取得最大限度的可持续发展。因此，信托公司未来的发展之道需是建立于自身核心优势之上的进一步提升。

我国金融机构的核心优势主要来自三大方面：特许经营权（牌照优势）、股东背景和创新能力。其中，来自创新优势的增长空间是可以不断向上的，是无极限的，并且可以带动前两个优势持续增长（见图7）。从横向维度看，金融机构必然从幼稚期，经历成长期，达到成熟期。目前，我国大多数信托公司仍处于幼稚期的发展阶段，少数业内领先的信托公司已步入成长期，而特别优秀的信托公司已开始逐步由成长期向成熟期过渡。

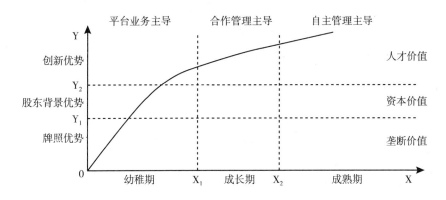

图 7　金融机构成长路径

资料来源：西南财经大学信托与理财研究所。

当前，信托公司目前主要具备三大核心优势：信托制度优势、先发积累优势、资金运用范围优势。首先，如前所述，在目前的大资管时代背景下，信托公司仍是唯一能够全面运用信托制度的资产管理机构，信托公司可以进一步充分挖掘信托制度的独特优势。其次，信托公司具备市场的"先发积累优势"。信托业协会专家理事周小明博士指出，信托业在其过去十余年的发展历程中，已经获得了巨大的市场份额，信托产品已经成为主流金融产品，获得了社会广泛的认同。信托公司在多样化运用信托财产和跨市场配置信托资产方面，已经积累了十余年的丰富经验，具有了自己成熟的业务模式和管理模式，锻造了一大批优秀的从业队伍，并形成了一套严密保护投资者和保障行业健康发展的监管体系。这是其他资产管理机构短期内难以复制的优势。另外，在各大资产管理机构中，信托公司依旧具备最全面的资金运用范围。目前，信托公司仍是除银行外唯一能够合法向目标企业直接发放贷款的资产管理机构（见表2）。尽管证券公司、保险资产管理公司、基金子公司的投资范围已经基本可以横跨货币、资本、实业三大市场，但仍然无法完全与信托公司相匹配，信贷市场目前依旧只向银行与信托公司开放。

表2 中国各大资管机构资金运用范围比较

市　　场	信托公司	银行	基金公司	证券公司	保险资产管理公司
货币市场	可以	可以	可以	可以	可以
债券市场	可以	可以	可以	可以	可以
股票市场	可以	—	可以	可以	可以
信贷市场	可以	可以	—	—	—
实业投资	可以	—	专项可以	专项可以	部分可以

资料来源：课题组整理。

信托公司凭借以上三大优势在过去几年取得了快速的成长。然而，信托行业过去几年各种数据的快速增长，其实更多是依赖于信托牌照和股东资源等垄断性要素，而并非创新的结果。过去十余年我国信托行业尚处于起步阶段，这其实也符合行业处于幼稚期与成长期的成长逻辑。但是，随着时间的推移，信托行业将逐步向成熟期发展，当垄断门槛与制度红利逐步消失时，信托公司先发积累的资源与优势将存在较大的不确定性。如果信托公司停滞不前，之前的优势可能大幅削弱；如果信托公司不断创新，之前的优势可能进一步积累巩固。

因此，创新将是信托公司未来核心优势增长的最主要来源。信托公司未来的发展升级需要围绕着信托制度、先发积累与资金运用范围三大核心优势展开，三大核心优势要产生持续增量，又必须通过机制和业务的创新转型才能够实现，所以信托公司未来真正的增长驱动必然依赖于全面的创新。如今，资产管理行业各种新政的集中推出，已经大大削减了信托牌照所赋予的垄断优势，这就更加凸显了创新对信托公司未来转型升级的重要意义。

（二）融合引领创新

我国资产管理机构存在的矛盾统一体是：不同机构的核心能力对应的是整个产业链中产品、渠道和咨询的不同环节，不同资管机构具备不同的核心优势。然而，经过10余年的发展，客户的需求已经朝着更加多元化、个性化和全球化的方向发展（见表3）。因此，资产管理机构自身单一的核心能力与客户的多元化需求之间存在着一定的矛盾，并且该矛盾可能出现逐步加深的趋势。解决矛盾的路径就是通过融合各方优势来形成综合化的理财能力。

表3 资产管理产业价值链环节演进历程

环节	20世纪80年代	20世纪90年代	21世纪后
咨询	投资建议	财务规划	综合化资产管理方案
产品	经纪、委托	结构化产品	个性化方案
营销	可靠、本土	区际、国际	全球化能力

资料来源：徐为山、赵胜来《私人银行与投资银行的协同：一种财富管理融合模式》,《新金融》2007年第10期。

从国外资产管理市场发展过程看，一批领先机构由各自为政，到具备综合化和全球化等特征，也是逐步通过战略合作或整合重组一步步融合各方优势而成就的。

以信托公司为例，发达国家资产管理机构普遍将其作为重要的管理方式或业务板块，甚至并购信托公司。美国的前十大银行均有独立的信托公司或信托部门。这些商业银行、信托公司、投资银行和保险公司之间的业务合作也非常广泛，不但交叉推荐，还以私人银行为平台共同服务客户。这种整合趋势在国内也已经出现，中信、平安等大型金控集团正在加强整合内部各大资管机构，力争盘活更多资源。例如，平安集团正致力于通过IT系统升级等手段整合集团内部各种资源，并提出了"一个客户，一个账户，多个产品，一站式服务"的经营理念。平安集团"掌门人"马明哲还尝试与马云、马化腾展开"三马合作"，整合互联网最新科技手段，运用于现代金融服务。

当然，并非所有的信托公司能在短期内通过整合内部资源实现为投资者提供综合化的一站式服务。因此，信托公司加强与其他金融机构的合作也显得尤为重要。而在大资管时代的背景下，也为信托公司与其他机构的相互合作带来了更多契机。

过去几年，资管行业主要放开的是银行理财产品与信托产品的对接，由此诞生的"银信理财合作业务"使信托业的发展上了一个新台阶。目前，银信之间已有了良好的合作基础，银信理财合作已有了相当大的规模。在大资管时代的背景下，本轮资产管理"新政"还放开了证券公司资管计划与信托产品的对接、保险资金与信托产品的对接，最新的《证券公司资产证券化管理办法》甚至允许信托受益权作为证券公司资产证券化的基础资产。从这个意义上讲，彼此间相互合作应该是未来信托公司与其他资产管理机构之间的一种常态。

当然，为了顺应全球资产管理行业的发展潮流，信托公司与其他资管机构间的全面合作也需要创新。未来的创新合作需要更加广泛和更深层次地展开，需要继续推动彼此合作以达到无缝对接的融合状态，这样才能创造出更多的产品和服务种类，更好地为客户服务。具体而言，各大资管机构的合作应当以客户需求为导向，做好市场细分，创制出真正综合化的合作方案。例如，银行或证券公司渠道代销信托产品的合作，如果能够切实了解客户需求，就能在营销一个理财产品的过程中，确定客户的财富特征，并预测客户的投融资需求，从而为客户定制贴身的服务方案。以"银证信"三方合作为例，如果仅仅当做一个为企业客户提供投资或融资的产品，证券公司与信托仅仅扮演"通道"的角色，那么在市场充分竞争与监管限制的情况下，此类合作将受到较大限制。但是，如果在提供基础金融服务的同时，能全面了解企业及其企业家和经营层的需求，那么就可以为客户定制一套全面的信贷、债权、股权、物

权和夹层的融资方案，以及包含现金管理、多元化投资甚至IPO和引进战略投资等综合服务，还可能挖掘出一批企业中不同类型的投资者。这样就把银行、证券和信托的核心优势融合为一体，有效地支撑客户事业的全面发展。

因此，在立足于自身核心优势的基础上，加强资产管理业务领域与其他机构的创新合作，将使信托公司在日益激烈的竞争中继续保持相对的竞争优势，并借此继续推动信托业的发展。我国资产管理行业正在经历百家争鸣的黄金时代，各类机构通过携手创新、彼此融合，共同提升能力，有望共同促进资产管理市场的转型、和谐与繁荣。

（三）未来主流信托业务模式展望

从国外信托业发展经验看，信托制度的运用无处不在。国外的信托业主要有资产隔离、财富管理、资金融通、协调经济关系、社会投资和为社会公益事业服务等几大职能。从目前我国的信托业务来看，信托职能主要体现在资金融通方面，相对而言比较单一。

我国信托公司当前的主营业务大多集中于为产业发展及基础设施建设提供融资服务，这样的模式与 19 世纪 60～70 年代的美国以及 20 世纪 70～80 年代的日本较为相似。美国在南北战争后，信托作为融通资金的有效手段，广泛运用于铁路建设、矿山开采等领域，取得了异常迅猛的发展。20 世纪 70～80 年代，日本处于高速经济发展时期，各种投融资需求非常旺盛，信托贷款作为一种提供中长期稳定资金的手段，同样发挥了非常重要的历史作用。但是，目前信托制度在国外发达国家的运用已经不仅局限于资金融通，往往还发挥了其他更多方面的作用。

因此，从国外的发展经验看，信托的职能是多元化的，当前投资者的理财需求也在往多元化、综合化、个性化的方向发展。由此可见，我国信托业未来的发展路径也应当顺应该趋势，往多元化、综合化、个性化的方向前进。具体而言，信托公司未来在信贷资产证券化、企业资产证券化、基金化信托业务、家族财富管理与公司治理、PE 型信托服务、公益与社会事务管理等业务领域将大有作为。

1. 信贷资产证券化

信贷资产证券化是指，银行业金融机构作为发起机构，将信贷资产信托给受托机构，由受托机构以资产支持证券的形式向投资机构发行受益证券，以该财产所产生的现金支付资产支持证券收益的结构性融资活动（见图 8）。

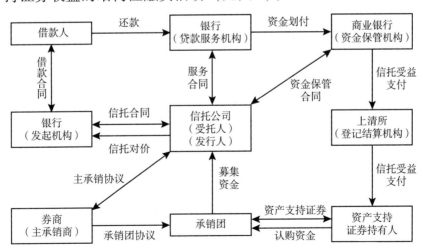

图8　信贷资产证券化流程

资料来源：课题组整理。

我国于 2005 年首次启动信贷资产证券化试点，但是由于全球金融危机等因素影响，2008 年底以后，中国信贷资产证券化被迫暂停。2005~2008 年，共有 11 家金融机构发行了 17 个信贷资产证券化项目，发行规模合计 667.83 亿元。2012 年 5 月，中国人民银行、中国银监会、财政部发文扩大试点，国务院批复 500 亿元规模额度，宣告我国信贷资产证券化试点再次重启。截至 2013 年 5 月，我国市场公开发行信贷资产证券化业务规模达到 892 亿元（见表 4）。然而，当前已进行证券化的信贷资产规模与市场需求相比仍然相去甚远。截至 2013 年 4 月底，我国银行业金融机构的总资产规模高达 138 万亿元，其中具备稳定现金流、适合进行证券化的信贷资产规模达到几十万亿元。近年来，通过"通道"类银信理财合作业务的开展，银行可以借道信托实现信贷资产表外化，其实质就属于曲线信贷资产证券化，而此类业务的迅猛发展，正是市场需求的真实反映。不过，信托计划目前被认定为非标准化债权资产，此类业务模式可能受到银监会 2013 年新规"8 号文"的规范限制。在这样的背景下，信贷资产支持证券属于标准化的债权资产，未来具有更大的发展空间。

值得一提的是，尽管中国证监会资产证券化新规允许证券公司通过专项资产管理计划开展信贷资产证券化业务，但是由于专项计划最终无法认定为信托财产，其 SPV 的架构仍有较大法律瑕疵。因此，信托公司仍然是当前开展信贷资产证券化业务最合适的受托机构。未来，随着资产证券化的不断推进，信托公司将在产品的设计、资信评级机构的聘请、信用增级手段、承销团的招标和组建、资产的管理与监控等各个环节发挥

表4 我国已发行信贷资产证券化产品一览（截至 2013 年 4 月）

单位：亿元

序号	项目简称	发起机构	受托机构	发行日期	规模	基础资产
1	05 开元信贷	国开行	中诚信托	2005 年 12 月	41.78	信用贷款
2	05 建元住房抵押	建设银行	中信信托	2005 年 12 月	30.17	住房抵押贷款
3	06 开元信贷	国开行	中诚信托	2006 年 4 月	57.30	信用贷款
4	06 信元重整	信达 AMC	中诚信托	2006 年 12 月	48.00	不良贷款
5	06 东元重整	东方 AMC	中诚信托	2006 年 12 月	10.50	不良贷款
6	07 浦元信贷	浦发银行	华宝信托	2007 年 9 月	43.83	信用贷款
7	07 工元信贷	工商银行	华宝信托	2007 年 10 月	40.21	信用贷款
8	07 建元住房抵押	建设银行	中诚信托	2007 年 12 月	41.61	住房抵押贷款
9	07 兴元重整	兴业银行	外贸信托	2007 年 12 月	52.43	不良贷款
10	08 通元汽车抵押	上汽通用	华宝信托	2008 年 1 月	19.93	汽车抵押贷款
11	08 建元重整	建设银行	中诚信托	2008 年 1 月	27.65	不良贷款
12	08 工元信贷	工商银行	中诚信托	2008 年 3 月	80.11	信用贷款
13	08 开元信贷	国开行	平安信托	2008 年 4 月	37.66	信用贷款
14	08 信银信贷	中信银行	中诚信托	2008 年 10 月	40.77	信用贷款
15	08 招元信贷	招商银行	中信信托	2008 年 10 月	40.92	信用贷款
16	08 浙元信贷	浙商银行	外贸信托	2008 年 11 月	6.96	信用贷款
17	08 信元重整	信达 AMC	中诚信托	2008 年 12 月	48.00	不良贷款
18	12 开元信贷	国开行	中信信托	2012 年 9 月	101.60	信用贷款
19	12 通元汽车抵押	上汽通用金融	中粮信托	2012 年 10 月	16.51	汽车抵押贷款
20	12 交银信贷	交通银行	中海信托	2012 年 10 月	30.33	信用贷款
21	12 上元汽车抵押	上汽财务公司	上海信托	2012 年 11 月	10.00	汽车抵押贷款
22	12 中银信贷	中国银行	中诚信托	2012 年 12 月	30.61	信用贷款
23	13 工元信贷	工商银行	中海信托	2013 年 4 月	35.92	信用贷款

资料来源：课题组整理。

更重要的作用，逐步形成信托公司未来稳定可持续的新型盈利模式。

2. 企业资产证券化

企业资产证券化是指非金融机构的工商企业将流动性较差但预计能产生稳定现金流的企业资产，通过一定的结构安排，整合其风险、收益要素，并提高其信用等级，将组合资产的预期现金流债权或收益权转换成可出售和流通、信用等级较高的债券或收（受）益权凭证型证券，实现企业融资的一种方式。企业资产证券化的基础资产包括企业应收款、基础设施收益权、公园门票凭证等财产或财产权利。目前，信托公司的资产证券化业务还主要集中于与银行合作的信贷资产证券化，而国内企业资产证券化业务的最主要形态为证券公司发行的"专项资产管理计划"。

与传统的集合资金信托计划不同，企业资产证券化是以特定基础资产的未来现金流为信用基础，而与融资企业及相关保证人的信用状况相关度较小。并且，与传统集合资金信托计划相比，企业资产证券化往往期限更长、规模更大、成本更低。通过企业资产证券化的模式，发起企业可以盘活流动性较差的优质资产，并以较低的财务成本在较短期限内达到长期融资的目的，能够改善财务结构，提高经营效率，分散经营风险。投资者可以获取一种风险较低、收益稳定的投资产品，由于企业资产证券化的预期收益率普遍高于同期银行存款利率，对央企集团、保险机构、社保基金等大型机构投资者而言，也是一种较为理想的投资选择。以基础设施类项目为例，在市政公用基础设施中，有相当一部分的基础资产具备未来稳定现金流的特点，通过将这部分资产进行组合，就能使得这些流动性差的资产也能够进入金融市场流通，可大大优化社会资源的配置，解决一些耗资巨大的城市基础设施建设项目（如污水处理厂、水厂建设项目等）的资金回收问题。目前，证券公司通过专项资产管理计划，已在BT回购、污水处理收费、高速公路收费、电力销售等基础设施领域进行过证券化的尝试，为企业开辟了全新的融资渠道。

如今，信托公司在各类收益权信托项目方面已经积累了较多经验，未来可以尝试将此类业务往企业资产证券化方向转型发展。通过企业资产证券化的模式，信托公司可以充分发挥信托制度资产隔离的优势，进一步加强专业管理能力，逐步建立可持续的新型业务增长模式。总体而言，信托公司未来几年开展企业证券化业务具有较高的可行性与较大的发展空间。

3. 基金化信托业务

过去十年，信托行业较好地支持了中国实体经济的发展，取得了一定成就。但是，传统集合资金信托计划的资金运用方式与项目投向均较为单一，产品的存续期限较短、资产规模较小且流动性较差。未来五年，如何通过新型业务模式促使金融与产业更加深入的融合，将是信托行业发展的重点方向之一。通过专业化的团队，运用专业化的技术，开展基金化信托业务，或许就符合这样的新型业务标准。

与传统集合资金信托计划不同，基金化信托业务模式主要有以下几大特征：第一，预期收益不确定，风险完全由投资者自担；第二，组合式管理，有利于分散风险；第三，资金募集在先，以投资者利益为核心，提供综合金融服务解决方案；第四，开放式产品设计，流动性较高；第五，期限错配，单位期

限较短，整体期限较长；第六，资金集中能力更强，整体规模较大。

基金化产品的成功很大程度上取决于基金管理人的资产管理能力，包括项目筛选、风险识别、资产配置以及投资运作等。因此，基金化产品与提升信托公司自主管理能力有着很强的联系。在此类业务开展过程初期，特别是在信托配套制度尚不完善时，信托公司可以尝试在传统业务的交易结构中引入部分基金化特征，实现现有业务的创新升级。目前，市场上陆续出现的基金化信托产品，如房地产信托基金、能源投资信托基金、文化产业投资基金等，便是在一定程度上引入了基金化的特征，从而具有资金成本低、规模大、期限长短搭配、资金运用方式灵活等特点，这些基金化的信托产品是信托公司塑造核心资产管理能力的利器，是中国信托公司业务转型的必由之路。

从长远来看，如果未来五年中信托登记制度、信托产品流动机制等配套制度能够相应出台，信托公司还可以积极向房地产信托投资基金（REITs）等完全基金化的业务方向发展。传统房地产集合信托计划主要为房地产建设项目进行融资，而REITs主要投资于能产出稳定现金流和收益的成熟商业物业地产组合，再按投资份额分配收益。

就国外的发展经验看，REITs作为投资产品，对投资者来说具有其他投资产品所不具有的独特优势：第一，由于REITs的长期收益由其所投资的房地产价值决定，所以REITs的收益与其他金融资产的相关度较低。投资者在资产组合决策中，会考虑REITs相对较低的波动性和在通货膨胀时期所具有的保值功能。这是 REITs 成为投资对象的一个重要因素。第二，在美国，REITs 按规定必须将 90% 的收入作为红利分配，投资者可以获得比较稳定的即期收入。第三，在美国 REITs 的经营业务通常被限制在房地产的买卖和租赁，在税收上按转手证券（PASS-TRHOUGH）计算，即绝大部分的利润直接分配给投资者，公司不被征收资本利得税。第四，由于 REITs 将投资者的资金集合起来投资于房地产，一般中小投资者即使没有大量资本，也可以用很少的钱参与房地产业的投资。第五，由于 REITs 股份基本上都在各大证券交易所上市，与传统的以所有权为目的的房地产投资相比，REITs 具有相当高的流动性。第六，上市交易的 REITs 与房地产业的直接投资相比，信息不对称程度低，经营情况受独立董事、分析师、审计师、商业和金融媒体的直接监督。

相比于传统房地产信托项目，REITs 的抗周期性发展特征更强。普通投资者更容易从 REITs 中获取稳定的中长期收益，分享房地产市场发展带来的红利，REITs 属于可长期发展的商业信托模式。

4. 家族财富管理与公司治理

家族财富管理与公司治理为欧美国家信托机构主营信托业务之一。例如，洛克菲勒家族的兴起源于石油，在 20 世纪初赢得了十数亿美元的身价，成为那个年代数一数二的世界富豪。他的遗产通过信托的方式被传承。到他儿子那一代，一共设立了五个信托。另外，掌握着宝马的科万特家族拥有自己专属的信托机构，家族财产都由这个公司打理，家族成员定期领取收益。

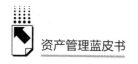

就国内的家族信托发展现状而言,不少内地在 H 股上市的中国企业的企业家们已经开始运用信托来实现家族财产传承与公司治理,龙湖地产、玖龙纸业、SOHO 中国等莫不是通过家族信托来持有公司股权。2012 年底,我国大陆地区的第一只家族信托产品诞生于深圳。平安信托推出了一款名为"平安财富·鸿承世家系列单一万全资金信托"的家族财富传承系列信托产品。该家族信托产品总额度为 5000 万元,合同期为 50 年,客户是一位 40 多岁的企业家。根据约定,信托委托人将与平安信托共同管理这笔资产。除此之外,上海信托等公司也将此类业务列入公司未来发展的战略目标。

另外,在如今美国的信托机构中,私人财富管理有着与家族财产传承同样广泛的运用,当然两者也有相互交叉之处。依托信托制度的优越性,信托公司可按照私人客户的需求进行财富管理方案设计,并可独立进行方案实施,帮助客户实现财富的合理规划与科学配置、风险隔离等,这也是信托公司在高端财富管理领域所具有的独特竞争优势。根据高端私人客户或机构投资者自身的独特需求,信托公司可为其量身定制出类似于定向私募性质的金融产品,真正发挥信托公司"受人之托,代人理财"的受托人作用。

5. PE 型信托业务

PE 型信托是指信托公司作为受托人,将托管资产用于 PE 型投资方式的信托计划,这也是信托业务未来五年发展的重点方向之一。PE 基金对非上市企业进行权益性投资,并在交易实施过程中附带考虑将来的退出机制,即通过上市、并购或管理层回购等方式，出售持股获利。这类基金按照投资标的公司所处阶段可以分为创业投资、发展资本、并购基金、夹层资本、重振资本、Pre－IPO 等，退出方式包括上市、出售、兼并收购、管理层回购。截至 2013 年 3 月底，PE 型信托规模已经达到 417.05 亿元。

在国际上，上市是 PE 退出的最佳渠道，但是，信托计划持股企业上市无法通过中国证监会批准，给信托财产参与 PE 股权投资造成了极大障碍。鉴于此种情况，信托公司可以发起有限合伙企业，自任有限合伙人（LP），另寻一般合伙人（GP），在合同中对 GP 提出更多限制，这样或许能解决上市的问题。在此过程中，信托公司的作用主要体现在 GP 的选择以及相应的制衡上。此外，目前国内 IPO 的发展前景也存在较大不确定性，未来企业可能较难复制过去几年通过上市轻松实现巨额收益的模式。信托公司也可以开发一些更灵活的退出方式，比如通过股权转让、并购基金、管理层回购等多元化模式实现退出。另外，根据行业最新发展状况，信托公司通过设立 PE 子公司专门开展此类业务，或许会成为未来发展的趋势。总体来看，信托公司参与 PE 投资信托业务能够更好地发挥自身核心优势，实现创新升级发展。

一方面，信托公司开展 PE 信托业务更能体现自身的制度优势。相比于银行、证券公司等金融机构，信托公司享有灵活运用债权、股权、物权、收益权及相互组合的制度优势。如果单纯依赖债权模式向目标企业融资，则信托制度的优势难以充分发挥。信托公司未来可以更多地尝试以股权的模式介入投资前景较好的项目，支持实体经济的发展。另一方面，通过 PE

信托模式进行权益性投资，更能发挥信托公司多年来在实业投资领域积累的经验优势。未来随着信托制度得到更多投资者的了解与认可，针对风险偏好型的投资者或单一资金客户，部分信托产品可以更多地设计为真正的投资型产品，采用完全浮动的收益。如此一来，投资者可以通过信托公司的专业管理分享新兴行业价值投资伴生的超额收益，当然，同时也承担市场波动所带来的相应风险。对信托公司而言，在真正投资型信托业务模式下的受托人义务，更多的是通过谨慎选择交易对手，深入挖掘具有市场投资价值的优质房地产项目给投资者，并凭借自身的专业管理能力最终赢得投资者的信任，真正体现"受人之托，代人理财"的受托人职能，而非传统业务模式下的"受人之托，代人融资"。

6. 公益与社会事务管理

公益信托以其设立便捷、运作灵活、监督机制完善等特点，在国外得到很多捐赠人的青睐，是国外公益事业发展的重要载体。例如，在 2012 年盛夏举办的伦敦奥运会上，公益信托就发挥了非常重要的作用。伦敦奥运主题曲 *Welcome Songs*，是由英国艺术慈善机构达廷顿霍尔信托集团（Dartington Hall Trust）担当受托人，受委托人 Arts Council England 和 PRS for Music Foundation 资助，邀众明星制作而成的。成立于 1925 年的达廷顿霍尔信托集团长期致力于资助文化艺术、环境保护以及社会正义等多项公益事业的创新与发展。达廷顿霍尔信托集团的受托人机构由 5～12 人组成，每位受托人从社会各界的德高望重者中选拔出来，一般情况下连续任职 3 届，每届 3 年。

当前，我国公益慈善事业主要是依靠基金会的模式开展。

但是，我国基金会当前普遍存在四大方面的问题：第一，资金供给不足，服务能力较低；第二，人才相对匮乏，专业程度不高；第三，信息透明度差，社会公信力不足；第四，专业理财能力较低，财产难以保值增值。

目前，我国推进公益信托的客观条件已经成熟，经济的飞速发展，人民的收入水平不断提高，生活富裕的人口数不断增加。为了适应经济体制的转换和金融制度的改革，财产管理手段的多样性、科学性势在必行。在这种情况下，社会上越来越多的爱心人士需要一个机制健全、运作透明、效率较高的金融机构来推动公益慈善事业的发展。因此，公益信托应当担此重任，从而激发越来越多热心人士参与公益事业，并保证公益目的的真正实现。随着相关配套制度的完善，我国未来公益信托可能在环境保护、扶贫抗灾等领域发挥重要作用，为慈善事业开创全新道路，并成为金融机构支持慈善事业的全新起点。

除上述六大发展方向外，信托公司还可以尝试发展农村土地流转信托，推动新型城镇化建设；发展企业年金信托，助力养老改革；等等。

综上所述，未来信托公司的发展方向是充分挖掘信托制度优势，集成债权、股权和夹层等各种金融工具，并通过不同法律关系的重构，将投资者、受托人、融资方、中介服务机构等各方权益有机统一在信托平台上，集中各类资源，整合各方智慧，打造综合化的金融方案集成平台，为不同客户贴身设计一揽子解决方案，更好地服务于客户需求，更好地支持实体经济发展。

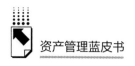

专题：引入信托机制，助推债券市场发展

课题组

一 背景介绍

　　长期以来，中国资本市场一直呈现出股债结构失衡的格局，但自 2007 年《公司债券发行试点管理办法》出台以后，中国的债券市场规模迅速膨胀，截至 2012 年底，债券市场市值总额已达到 26.3 万亿元，相比于 2007 年底 12.9 万亿元的规模，已实现市值翻倍，而同期股票市场市值为 26.8 万亿元，中国资本市场的融资结构已发生了重大改变。然而，相比于海外成熟市场，中国债券融资规模占比仍然较小，未来发展空间巨大。

　　虽然债券市场实现了迅速发展，债券种类从国债、中央银行票据和政策性银行债券等利率品种发展到公司债券、企业债券、中期票据、短期融资券等信用品种，缓解了债券的品种单一，但目前信用债①的发债条件苛刻，大量有融资需求的企业很难满足上市的发债条件。同时，在国外成熟市场中，除信用债外，资产支持证券（ABS）为最重要的一类融资工具，其中信托公司或特殊目的载体在整个 ABS 的交易结构中，处于核心位置，实现了标的资产与原始所有权人之间的风险隔离，保护了投资者的安全。

---

　　① 这里信用债指依托发债主体信用而发行的债券。

为解决大量企业发债上市瓶颈，未来应丰富债券市场的品种结构，债券交易市场应着重发展附资产抵押债券和 ABS 产品，充分发挥信托机制在其中应起的作用，助推中国债券市场的长期发展，形成中国资本市场中更为合理的股债融资结构布局。

二　企业发债局限性及解决措施

资本市场（包括股市与债市）最大的作用是提供直接融资平台，企业①应成为重要的市场参与者，但实际情况并非如此。对企业而言，其可选择的债券融资工具依然显得单一；同时，一般企业凭借自身信用也很难达到发债标准（见表1）。

由于有发债需求的主体很大比例上为非上市企业，其在信息披露、信用评级、债券管理以及违约索偿机制等方面都存在着一些困难。首先，对投资者而言，非上市企业的信息不透明，而且企业进行信息披露既无统一标准，也显得成本较高。其次，一般非上市企业没有进行广被资本市场接受的信用评级，投资人难以确定其信用等级。最后，国内破产偿债机制不健全，一旦发债企业不能偿还债务，债券投资人将蒙受巨大损失。即便发债企业还剩余有价值的资产，由于目前对抵押品缺乏受托管理机制，投资人在行使索偿权上面临技术困难，不能及时挽回损失。考虑上述原因，为满足不同市场参与者发债需求，建立完善多层次标准的产品体系，以涵盖各层次融资主体的需求。

---

① 这里企业指非金融企业。

表 1　信用债标准汇总

类型	公司债	企业债	中期票据	短期融资券
发行主体	A 股和海外上市（如 H 股）的境内公司	中央政府部门所属机构、国有独资企业或国有控股企业	依法注册的非金融企业，实际中绝大部分为大型国有企业	依法注册的非金融企业，实际中多为大型国企，尤其是来自垄断行业的企业、大型民营企业
发行条件	债券信用级别良好	债券信用级别良好	债券信用级别良好	债券信用级别良好
信息披露	真实、准确、完整的信息披露	真实、准确、完整的信息披露	真实、准确、完整的信息披露	真实、准确、完整的信息披露
担保措施	分担保型和无担保型	分担保型和无担保型，无担保型为发展趋势	多为无担保型	无担保型

资料来源：《公司债券发行试点办法》《银行间债券市场非金融企业中期票据业务指引》。

　　发债企业除大型企业以信用为基础发债外，其他大多数应为附资产抵押债券。发债企业以抵押品为基础，弥补企业自身信用之不足，提高债券的信用等级而达到发债标准，使附资产抵押债券成为资本市场上各类投资人接受的金融产品。抵押品可以是企业拥有的动产、不动产、债权、收益权等可进行价值评估的资产。附资产抵押企业债可很好地解决非上市企业作为发债主体可能引起的问题，成为未来债券市场探索的一类新品种。同样，直接依托资产及权利进行证券化，此类债券的资质评判完全依赖于资产和权利自身的价值，与企业自身信用状况关系很小，这也可以解决企业信用资质不够条件而造成的发债困难。

三 以信托机制为核心，构建债券市场的创新服务体系

（一）信托机制是附资产抵押债券及资产支持证券的制度基础

所谓"信托"，虽然在世界范围内尚无统一定义标准，但依据其实际内涵，信托应具有以下几个特点：确定的信托目的；确定的信托财产；确定的受托人，且与委托人可分离；信托财产独立于委托人、受托人的其他财产；信托财产产生的收益归受益人所有。信托的上述性质，最大的特点为信托财产的独立性，从法律关系上实现了信托财产与委托人的风险隔离，有效地保护了受益人的利益。

在前述非上市企业可行的发债方式中，无论选择附资产抵押的债券，还是资产支持证券，其风险把控的核心均为资产或权利部分。在附资产抵押债券中，抵押资产提升了债券的信用评级，但前提是抵押资产的确能起到信用增级作用。在资产抵押过程中，为能保护债权人利益，债权人应具有完整的处置资产的权利，同时能对抗第三方权利人。在资产支持证券中，基础资产需完全独立于委托人（融资企业），即实现资产的出售，在法律关系上保证基础资产与企业资产的破产隔离。

基于对资产和权利的"保护"，在附资产抵押债券及资产支持证券两类品种中，均应建立以信托机制为基础的资产隔离

179

制度，既满足发行主体的融资需求，也能更好地保护债券投资人的利益。

（二）信托公司在两类产品中的角色定位

近年来，我国信托行业发展突飞猛进，但信托公司角色定位并不清晰，将中国的信托公司定位为"受人之托，代人理财"过于狭隘。信托功能中最本质、最具有优势的财产隔离功能并未得到业内机构的重视，纵观发达国家的信托业务情况，特殊目的信托（SPT）已成为重要组成部分，国内信托公司在市场中的角色也不应仅为融资提供商，更应成为投资银行式的综合金融服务商，主动融入中国金融市场的建设。

溯本还原，信托公司需在两类产品中做好受托人角色，并以此为契机开启专业的 SPT 业务领域。

在两类产品架构中，信托公司的角色可定位于以下几种：①企业的财务顾问，帮助企业设计附资产抵押债券或资产支持证券化的融资方案。②承销商，包销或代销附资产抵押债券或资产支持证券产品。③受托人，接受发行企业的委托，就特定财产设立 SPT，债券持有人或证券持有人为受益人。受托人根据契约的约定，代表受益人行使监管企业依约使用募集资金的权利，监督企业依约归集债券兑付资金的权利。

（三）信托公司应在两类创新产品中发挥核心作用

附资产抵押债券及资产支持债券在实质上是资产的信托化，信托公司在服务体系中处于核心地位。信托公司应当在该类产品中承担核心角色，发挥核心作用：①信托制度在我国法律体系下为上述财产隔离提供完善的法律保障，而信托公司是中国银监会批准合法经营信托业务的金融机构。②在国外成熟债券市场上，引入信托为债券持有人提供有效保障是通行做法。③在中国银监会的监管下，信托公司已走向规范化发展道路。多年来，信托公司在财产托管方面积累了丰富的经验，而这正是资产信托化所必需的，也是信托公司的经验优势所在。

四 资产信托化的现实意义

资产信托化将对中国债券市场发展具有重要作用，主要表现在以下三个方面。

（一）破解企业融资难题

资产信托化将使附资产抵押债券及资产支持证券成为资本市场上广受欢迎的创新产品。一方面，它极大地扩展了企业和项目在资本市场直接融资的广度和深度，提升了融资的便利性；另一方面，沉淀资产的盘活和优质资产的重新定价，将帮助更多的企业以更低的财务成本，进入直接融资市场，更好地支持实体经济发展。

（二）完善债券市场功能，拓宽投资渠道

通过资产信托化，迅速扩大我国企业债券发行规模和债券品种，更好地发挥资本市场直接融资体系的服务功能。

投资人可通过投资附资产抵押债券及资产支持证券分享经济发展的成果，拓宽投资渠道。通过资产信托化，也能以更为

市场化的手段决定债券的发行利率，巩固和培育固定收益市场的长期投资者群体。

作为市场参与主体的发债企业、信托公司、资产评估公司及信用评级机构等专业服务机构，将逐渐与投资人将形成良性互动的多赢局面。这也是我国多层次资本市场发展不可或缺的重要环节。

（三）充分发挥信托公司的优势作用

2013年信托业受托资产规模将站在10万亿元的高岗之上，整个行业的资产管理水平已得到大幅提升，在产品设计、信托机制运用及人才培养等方面也积累了丰富的市场经验。想见，如不能发挥信托公司的这些优势，将是中国金融资源的巨大损失。同时，默许其他机构以不规范的形式，变相代替信托公司在资产信托化中的作用，不仅在法律关系上存在缺陷，而且容易造成监管混乱，甚至引发风险的快速聚集，损害投资人的利益。

在规范监管的前提下，未来应充分发挥信托公司在资产信托化中的作用。通过资产信托化，建立由信托公司、资产评估公司和信用评级机构组成的专业服务体系，为实体经济中的企业提供更好的金融服务，奠定信托公司在资产信托化大潮中的基石性作用。

制度建设篇

Chapter of Institutional Improvement

B.8
中国资产管理制度亟须顶层设计

课题组

摘 要:

纵观全球资产管理服务领域, 信托虽不是资产管理活动唯一的法律形式, 但却是资产管理活动最基本的法律形式, 也是最重要的法律形式。但我国目前对于资产管理活动是按照经营机构的不同性质分别由不同的监管机构进行监管, 各监管机构对资产管理活动的监管标准并不一致。为了更好地促进资产管理行业健康有序发展、维护金融市场的繁荣与稳定, 有必要对中国资产管理行业进行顶层制度设计, 对相同或相似属性的资产管理业务确定统一的法律关系、监管标准以及监管机构。

关键词：

　　大资管时代　法律制度　顶层设计　信托法

　　大资管时代已经悄然来临，资产管理市场的影响正在不断扩大，其中涉及的各方利益也日益显著，但是我国至今仍无统领所有资产管理业务的法律制度规范。在这样的时代背景下，为了更好地促进资产管理行业健康有序发展、维护金融市场的繁荣与稳定，有必要对中国资产管理行业进行顶层制度设计，对相同或相似属性的资产管理业务确定统一的法律关系、监管标准以及监管机构。

一　信托是资产管理行业的普适制度

　　资产管理行业的普适性源于行业中资产管理者按照合同约定对客户资产进行经营运作，为客户提供投资管理服务的共性规律。纵观全球资产管理服务领域，信托虽不是资产管理活动的唯一法律形式，但却是资产管理活动最基本的法律形式，也是最重要的法律形式。由于具备风险隔离、长期稳定、灵活多样、目的自由、弹性规划等多方面的独特优势，信托最适合成为资产管理行业的普适制度。其实，目前我国各类资产管理业务均运用了信托制度原理开展理财活动，其法律实质均符合信托关系属性。

（一）几种资产管理制度的分析

　　资产管理是经济层面的描述，不是法律关系的界定。要成为我国金融市场上的一种制度安排，资产管理必须形成相应的法律体系。而这种法律体系的一个重要内容就是提供适于开展一般性和特殊性资产管理业务的法律形式。从国际上看，资产管理借以运作的法律形式主要有四种：一是委托代理，投资者和管理者签署委托合同，投资者不转移资产的所有权，委托管理者代表投资者进行资产管理，若委托合同另有约定或受托人有过错管理，后果一般由投资者自行承担；二是信托，投资者和管理者签署信托合同，投资者转移资产的所有权，受托人以自己的名义进行资产管理，管理的后果最终归属于受益人（如果是自益信托就为投资者）；三是公司，由投资者作为出资人，依照公司法组建以投资管理为目标的公司，然后由公司董事会将公司财产委托给专业化的管理者进行管理，资产损益由投资者按出资比例分享或分担；四是有限合伙，投资者作为有限合伙人、管理者作为普通合伙人共同签署合伙协议，由管理者管理投资者投入的资产，并对管理活动承担无限责任，投资者则按出资比例分享利益，并只以出资额为限承担有限责任。①

然而，作为与委托代理、公司、合伙平行的一项资产管理制度，信托在民事活动和市场经济活动中有着更为特殊的功能价值，能极大地促进社会财富运用的安全、效率和多样化。②信托制度是所有资产管理制度中风险管理相对最完善的一种形式，最适合运用于资产管理业务，特别是长期资产管理业务。

① 周小明：《我国资产管理市场的主要问题与对策》，《经济导刊》2002年第4期。
② 李勇：《完善信托制度促进理财市场整合升级》，《金融时报》2012年4月23日。

首先，信托是所有资产管理制度中资产隔离最彻底的一种法律形式。图1之所以将商业信托放在最高的位置，就是因为只有信托才能将客户的资产完全与各方参与人，包括原来资产的委托人和受益人隔离，而其他类型的理财产品法律载体都无法达到同样效果。也就是说，一旦客户或资管机构与其他主体发生诉讼纠纷，其理财产品项下的财产就可以被诉讼对手申请查封、扣押，直至强制执行，而信托却不会。另外，信托还有私密性强的特点。信托公司可以，也必须以自己的名义完成对客户的服务，没有特别法律程序则不能对外界披露客户的身份。

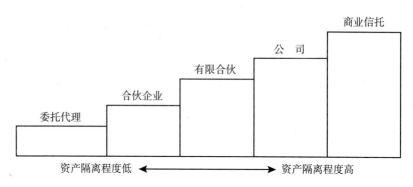

图1　各种财富管理工具资产隔离功能排序

资料来源：王文宇《信托法制与资产管理业务之规范》,《民商法理论与经济分析》，中国政法大学出版社，2002。

其次，信托是所有资产管理制度中最为稳定的一种法律形式。委托代理关系具有很强的人身信任性质，双方当事人可以随时加以解除，任何一方当事人如丧失行为能力都将自然终止。公司和有限合伙则更多地运用企业的组织形式来运作资产管理，公司的股东及有限合伙的合伙人在一定条件下，可以解散公司或解除合伙关系；信托则是以财产转移为基础，当事人不得随意解除信托关系，信托目的实现之前也不能随意终止。因此，信托的管理结构非常稳定，特别适宜长期的资产管理。

最后，信托是所有资产管理制度中最具弹性空间的一种法律形式。信托在践行财产转移与管理功能时，具有巨大的弹性空间，这是其他类似的法律设计所没有的。信托具有的巨大灵活性，正是其日益成为一种世界性法律制度的根本原因。在包括忠实义务和谨慎管理义务等《信托法》的默示规则基础上，《信托法》为信托当事人进行交易提供了订立信托契约的标准，并为建立信托关系提供了一套强制性的标准化约款，可以大大降低缔约的交易成本。同时，信托设立方式多样、信托财产多元化、信托目的自由化以及实务领域宽泛化等极为灵活的弹性设计，使许多任意性条款为当事人确定权利义务提供了极大便利，在有效赋予受托人最大限度的自由的同时，提高了投资效率，保障了投资安全，创造了资产管理计划中投资者与受托人"双赢"的局面。

当然，即便在信托设计中，也无法解决资产管理中委托人与受托人之间所有的法律问题和权利冲突。从国外的发展情况看，公司以及有限合伙制度在私募基金，特别是风险投资基金的运作方面更能够体现其资金聚集的功能优势。但是，信托同样可以凭借灵活性的优势与以上制度模式进行组合嫁接，形成不同制度相结合的资产管理交易结构，最大限度为投资人的利益服务。

（二）我国当前各类资产管理业务实质上多为信托关系

资产管理作为一项财产管理的法律制度，其财产权属是最

为核心的部分，因此，我们认为，应透过现象抓住事物的本质，即从财产的产权归属这一最本质的因素出发，来确定各类资产管理的法律性质。所有权是财产权利的核心，是其他各项财产权利得以产生和存在的基础。

无论是银行综合理财、券商资产管理，还是基金资产管理、保险资产管理，其法律实质多为信托关系。在我国当前各类资产管理业务开展中，一方面，委托人签署资产管理合同后均需将其财产转移给受托人，合同一旦成立，委托人一般不得任意解除，在此期间，受托人可以按照自己的名义运用、管理资产，从而使受托人管理财产的收益逐步实现，但是委托人的意思表示却受到极大限制，由此委托人财产的所有权权能便不再完整；另一方面，就资产管理的现实运作而言，委托人移转受托之财产与委托人自身财产及受托人自身资产之间均相互独立。同时，在收益取得方面，各类资产管理业务均规定不得承诺保本或最低收益，风险最终由投资者（受益人）承担，从而实现了信托财产的投资风险与信托公司自身财产经营风险的相对隔离。

由此可见，各类资产管理已然具备了信托关系"财产独立，风险隔离"的本质属性。

1. 银行综合理财业务具备信托关系属性

目前，我国的银行理财业务大致可分为两类：一类为财富管理的咨询业务；另一类是资金管理的综合理财业务。其中，财富管理的咨询业务是指商业银行的金融策划师、规划师等向客户提供的财务分析与规划、投资建议、个人投资产品推介等专业化服务。此类业务的法律属性可以确定为技术咨询合同关系。

由于此类业务的开展不涉及资金的管理运用，暂不在此赘述。

对于资金管理的综合理财业务，按照客户获取收益方式的不同，可以分为保证收益理财计划和非保证收益理财计划。保证收益理财计划是指商业银行按照约定条件向客户承诺支付固定收益，银行承担由此产生的投资风险，或银行按照约定条件向客户承诺支付最低收益并承担相关风险，其他投资收益由银行和客户按照合同约定分配，并共同承担相关投资风险的理财计划。非保证收益理财计划可以分为保本浮动收益理财计划和非保本浮动收益理财计划。保本浮动收益理财计划是指商业银行按照约定条件向客户保证本金支付，本金以外的投资风险由客户承担，并依据实际投资收益情况确定客户实际收益的理财计划。非保本浮动收益理财计划是指商业银行根据约定条件和实际投资收益情况向客户支付收益，并不保证客户本金安全的理财计划。

对于保证收益及保本浮动收益的理财产品，由于具有银行的保底条款，该类产品的投资风险全部或部分由银行承担。根据这一特征，此类理财产品更加类似于一种储蓄产品。按照中国银监会的规定，此类理财产品应当全部或部分纳入商业银行表内管理，应当占用银行的资本金。因此，保证收益类理财产品的法律属性应当为债权关系；保本浮动收益理财产品的保本部分应为债权关系属性，浮动部分应为信托关系属性。

对于银行的非保本浮动收益理财产品，银行负责管理运作客户资产，收取管理费用，对客户资产的盈亏不承担相应责任。这样的业务模式符合信托或委托代理的法律特征。但是，

在信托关系中，受托人以自己的名义进行管理活动；而在委托关系中，受托人以委托人的名义进行活动。在实际管理资产过程中，银行绝对不会以购买理财产品的人的名义操作，而是以银行自己的名义来与市场其他机构进行合作和交易。同时，中国银监会2005年颁布的《商业银行个人理财业务风险管理指引》（以下简称《指引》）第9条规定："商业银行应当将银行资产与客户资产分开管理，明确相关部门及其工作人员在管理、调整客户资产方面的授权。对于可以由第三方托管的客户资产，应交由第三方托管。"由此可见，银行理财业务汇集资金具有与其他各方财产相独立的性质，符合信托财产的独立性原理。因此，非保本浮动收益的银行理财产品的法律实质是信托关系。

2. 券商资产管理实质是信托关系

根据2012年10月发布的《证券公司客户资产管理业务管理办法》第11条的规定，券商资产管理业务由以下三大类型组成：为单一客户办理定向资产管理业务，为多个客户办理集合资产管理业务，以及为客户办理特定目的的专项资产管理业务。

对于定向资产管理业务与集合资产管理业务，根据相关规定，此类资产管理业务的投资风险由客户自行承担，证券公司不得以任何方式对客户做出资产本金不受损失或者取得最低收益承诺。证券公司应当与客户签订资产管理合同，通过专门账户为客户提供资产管理服务。另外，与银行理财业务类似，券商资产管理业务在实践中也是以券商自身的名义与相应的机构进行合作和交易。因此，定向资产管理业务与集合资产管理业务均符合信托关系的属性。

对于券商专项资产管理业务，《证券公司资产证券化业务管理规定（征求意见稿）》中曾明确指出，券商专项资产管理业务的法律关系为信托关系，且专项计划资产为信托财产。尽管中国证监会基于与上位法存在冲突的考虑，在该规定正式稿中最终删除了上述表述，但是根据新规对券商专项资产管理业务特征的描述——"专项计划资产独立于原始权益人、管理人、托管人及其他业务参与人的固有财产。原始权益人、管理人、托管人及其他业务参与机构因依法解散、被依法撤销或者宣告破产等原因进行清算的，专项计划资产不属于其清算财产"，该业务的实质仍然符合信托关系的属性。

3. 基金管理公司子公司实际是小信托公司

目前，基金公司的理财服务由其证券投资基金业务（公募基金）和特定客户资产管理业务（专户理财）构成。由于《证券投资基金法》明确规定证券投资基金业务的上位法是《信托法》，因而证券投资业务的法律属性当是信托性质无疑。而对于特定客户资产管理业务，新颁布的《基金管理公司特定客户资产管理业务试点办法》开篇也明确阐述《证券投资基金法》为此类业务的立法根据之一。其中《基金管理公司特定客户资产管理业务试点办法》关于资产独立性和客户自担风险的规定更加详细和严格。尽管形式上仍存在一定争议，但实质上基金公司的特定客户资产管理业务法律性质应当是信托关系。基金管理公司子公司设立的专项资产管理计划是基金管理公司特定客户资产管理业务的类型之一。因此，该业务法律性质也符合信托关系。

根据《基金管理公司特定客户资产管理业务试点办法》，允许基金管理公司设立专门的子公司，通过设立专项资产管理计划开展资产管理业务。专项资产管理计划可投资的范围不仅包括股票、债券、资产支持证券、证券投资基金等各类证券资产，还包括"未通过证券交易所转让的股权、债权及其他财产权利"，以及"中国证监会认可的其他资产"。由此可见，与银行理财、券商资管、保险资管相比，基金管理公司子公司的专项资产管理业务具有更加宽泛的投资范围，几乎与信托公司没有差异。因此，将基金管理公司子公司比喻成一家小型信托公司并不为过。

4. 保险资产管理是信托关系

根据 2013 年 2 月中国保监会发布的《关于保险资产管理公司开展资产管理产品业务试点有关问题的通知》（保监资金〔2013〕124 号），保险资产管理产品是指保险资产管理公司作为管理人，向投资人发售标准化产品份额募集资金，由托管机构担任资产托管人，为投资人利益，运用产品资产进行投资管理的金融工具。产品资产应当实施托管，托管人需具备保险资金托管人资格。保险资产管理公司应当对每只产品进行独立核算、独立管理，公平对待所管理的不同产品资产，避免利益冲突，严禁可能导致利益输送、不公平交易的各种行为。

以上规定的内容表明，保险资产管理产品与信托产品交易结构几乎一致，其背后运用的制度原理并无实质性区别。因此，保险资产管理的法律属性也是信托关系。

综上所述，目前我国资产管理行业各类理财业务的法律实质均符合信托关系之"委托人基于信任，向受托人托付财产，由受托人以自己名义管理信托财产，并将收益交付委托人或其指定的受益人"的属性。因此，信托制度乃资产管理行业的普适制度，而并非仅为信托公司所独有。

二　中国资产管理行业存在的问题

资产管理活动是一种金融活动，事关金融秩序稳定，类型相似的资产管理业务，理论上应当具有相对统一的法律关系及相对统一的监管标准。然而，在实践中，我国资产管理市场各种名为"集合理财"或"资产管理"，实为"营业信托"的理财活动各行其是，市场准入标准不同、法律形式不同、投资者门槛不同、监管要求不同。由此造成了营业信托市场的乱象：一是难以对理财投资者提供统一的法律保护，由于没有营业信托的具体标准，无法对资产管理活动进行统一监管，出现纠纷时，司法机关也难以进行裁决，投资者利益难以保护；二是难以营造资产管理经营主体之间公平竞争的市场环境，我国目前资产管理活动是按照经营机构的不同性质分别由不同的监管机构进行监管，各监管机构对资产管理活动的监管标准并不一致。"有宽有严，有松有紧"，甚至建立不合理的"部门壁垒"的现象较为普遍，导致在同一市场上经营相同业务的各资产管理经营主体面临不同的竞争环境。

（一）法律关系不统一

我国资产管理行业受制于"分业经营，分业监管"的现状，实质法律属性相同的资产管理业务分属于不同部门监管，于是导致不同机构资产管理业务所适用的法律关系各不相同。总体而言，除了信托公司的信托业务与基金公司的公募证券投资基金业务在法律关系属性上明确适用信托法外，其他类型的资产管理业务大多以"委托代理"之名，行"信托管理"之实，或者相关监管机构对其资产管理的法律关系属性避而不谈，无法将其明确为信托关系。

首先，银行综合理财业务法律形式上只能被限定为委托代理关系。我国《商业银行法》第43条规定，商业银行在中华人民共和国境内不得从事信托投资和证券经营业务。因此，包括综合理财在内的各种银行业务无论实质上如何延伸，在法律形式层面均不能认定为信托关系。另外，《商业银行个人理财业务管理暂行办法》第9条规定："综合理财服务，是指商业银行在向客户提供理财顾问服务的基础上接受客户的委托和授权，按照与客户事先约定的投资计划和方式进行投资和资产管理的业务活动。在综合理财服务活动中，客户授权银行代表客户自身按照合同约定的投资方向和方式进行投资和资产管理，投资收益与风险由客户或客户与银行按照约定方式承担。""委托""授权""风险由客户承担"，这样的用词规定更加符合委托代理法律关系的属性，后来中国银监会有关负责人在就发布《商业银行个人理财业务管理办法》和《商业银行个人理财业务风险管理指引》答记者问中进一步明确表示，个人理财业务是建立在委托代理关系基础之上的银行业务，[1] 从而进一步支

---

[1] 李勇：《银行理财产品法律性质辨析》，《中国农业银行武汉培训学院学报》2008年第3期。

持了银行综合理财业务为委托代理关系的观点。

其次，券商资产管理业务法律形式上也只能被限定为委托代理关系。我国《证券法》第6条的规定，"证券业和银行业、信托业、保险业实行分业经营、分业管理，证券公司与银行、信托、保险业务机构分别设立"，这使得证券公司难以名正言顺地开展信托业务。另外，根据《证券公司监督管理条例》第59条的规定，"证券资产管理客户的委托资产属于客户"，使得券商资产管理计划的财产无法与客户的资产相独立，从而只能被认定为委托代理关系。

另外，基金管理公司子公司的专项资产管理业务尽管实质上与信托公司的信托业务非常类似，但是目前直接将其明确为信托关系的属性仍然存在一定的争议。就信托公司而言，无论法律层面的《信托法》，还是部门规章层面的《信托公司管理办法》，均规定了信托财产不会被计入清算财产，为信托财产的破产隔离功能提供了双重保障。但是，就基金管理公司子公司而言，仅有中国证监会的部门规章《基金管理公司特定客户资产管理业务试点办法》（以下简称《试点办法》）规定了委托财产不属于清算财产，其破产隔离功能与信托财产相比缺少了法律层面的认可。另外，根据《试点办法》的规定，基金管理公司子公司的上位法是《证券投资基金法》，但并不能因此直接推断基金子公司与公募基金业务适用相同的法律关系。事实上，从两者的行文措辞也能发现其中的差异，《试点办法》将基金管理公司子公司的专项资管计划管理的财产规定为"委托财产"，而非《证券投资基金法》规定的"基金财产"。根据《证券投资基金法》，"基金财产"的范围仅包括证券投资领域，而不包括基金管理公司子公司专项计划中的"非上市股权、债权和财产权"。同时，基金管理公司子公司的企业组织形式为有限公司，受到《公司法》及《破产法》的约束。如果基金管理公司子公司出现破产的情形，部门规章对委托财产破产隔离的规定能否与《公司法》《破产法》抗辩存在较大不确定性？① 值得注意的是，2012年的《证券投资基金法（征求意见稿）》中曾经对"证券投资"的范围进行了扩大解释。征求意见稿将"证券投资"定义为"包括买卖未上市交易的股票或者股权、上市交易的股票、债券等证券及其衍生品，以及国务院证券监督管理机构规定的其他投资品种"。如果按照征求意见稿的规定，则基金管理公司子公司的专项资产管理计划被认定为信托财产则无太多障碍，但是最终修改确定的新《证券投资基金法》删除了上述规定。

最后，保险资产管理业务同样受制于《保险法》第8条中"分业经营，分业监管"的限制，同样无法将其明确为信托关系。

（二）监管标准不统一

除了法律关系难以统一外，资产管理行业各类理财产品的监管特征在投资范围、准入门槛、信息披露等各个方面也存在较大差异。

---

① 费希佳：《有下无上、有规无法——谈基金子公司在专项资管业务中财产独立性的制度缺失》，http://weibo.com/2060302755/zn9rnkqid。

对于法律性质相似的各类理财产品，有的可以公开募集进行宣传，有的却只能非公开募集不能进行宣传，并且相同募集性质的理财产品也存在诸多监管标准差异，无法统一。对于公开募集性质的产品，银行理财产品可以通过信托计划连接实业市场，而公募证券投资基金的投资范围却被限定于股票、债券等场内交易品种。对于私募性质的产品，监管标准则存在更多差异。在此，仅以集合资金信托计划与其他类型私募产品的对比为例，说明由于监管标准存在的差异，从而导致信托公司在资产管理市场竞争中受到相对更大的限制。

首先，每一信托集合资金信托计划的自然人不得超过50人，而券商小集合业务、基金公司特定专户"一对多"业务以及保险资管计划则可以达到200人。信托集合资金计划客户认购最低门槛原则上不能低于100万元，而在新规颁布前的券商限定性大集合产品最低门槛则仅为5万元。①

其次，相比于信托公司，监管层对基金管理公司子公司的专项资管业务目前几乎没有约束和限制。根据《基金管理公司特定客户资产管理业务试点办法》修改的说明，中国证监会也明确表示拟在严格执行合格投资人制度的前提下，为基金管理公司开展特定资产管理业务创造相对宽松和公平的监管环境。因此，基金管理公司子公司的专项资产管理计划目前也没有净资本的风险计提要求，使基金专项资管业务拥有了更大的

---

① 2013年6月28日，中国证监会召开新闻发布会，通报修订《证券公司客户资产管理业务管理办法》和《证券公司集合资产管理业务实施细则》具体情况，删除大集合相关规定，自6月1日起，证券公司超过200人的集合资产管理计划被定性为公募基金，纳入《证券投资基金法》调整。

创新空间，完全可以根据委托人的风险偏好，为其量身定做相应的投资产品。当然，与信托公司相比，基金管理公司子公司在开展实业领域投资方面的风险抵御能力相对较弱，可能存在一定的风险隐患。

除此之外，信托公司开展理财业务还在一定程度上受到了其他金融监管部门的诸多限制。第一，为了限制信托公司与私募基金的合作，2009年7月，中国证监会突然通过口头通知要求中国证券登记结算有限责任公司暂停办理信托公司开设证券账户。此次账户暂停持续三年之久，直至2012年9月信托公司才恢复开设证券账户。而在此"叫停"之后，中国证监会所辖基金公司"一对多"私募业获准启动。第二，按照《信托公司管理办法》的规定，信托公司可以以股权投资的方式管理运用信托财产，中国银监会也鼓励信托公司开展股权投资信托业务，但实践中，信托资金持股的公司申请IPO并得不到中国证监会的批准，一个公司改制上市前首先要考虑的问题之一就是是否存在信托持股。信托公司以信托财产持有公司股权，已经成为公司上市的障碍之一，这直接导致信托公司难以开展股权投资信托业务，但具有类似性质的外资股权投资基金却未予限制。第三，在参与上市公司定向增发业务方面，信托公司管理的信托资金被完全限制，无法获得和基金公司、证券公司等机构相同的待遇，导致不公平竞争问题。第四，根据《银行与信托公司业务合作指引》的规定，银行不得为银信理财合作涉及的信托产品及该信托产品项下财产运用对象等提供任何形式的担保，但银行却可以对保险资管的专项债权投资计划提供担保（见表1）。

表1　资产管理行业的各类理财产品监管特征汇总

机构	类型	投资范围	准入门槛	监管法规	信息披露
证券公司	大集合	集合计划募集的资金应当用于投资中国境内依法发行的股票、债券、证券投资基金、央行票据、短期融资券、资产支持证券、中期票据、股指期货等金融衍生品、保证收益及保本浮动收益商业银行理财计划以及中国证监会认可的其他投资品种；可以投资于融资融券以及中国证监会认可的境外金融产品；可以参与正回购	非限定性：10万元；限定性：5万元，200人	《证券公司客户资产管理业务管理办法》《证券公司集合资产管理业务实施细则》《关于加强证券公司资产管理业务鉴管的通知》	—
	小集合	在大集合投资范围的基础上，扩大了金融衍生产品的品种，增加了集合资金信托计划等金融监管部门批准或备案发行的金融产品以及中国证监会认可的其他投资品种	100万元，200人		
	定向	定向资产管理业务的投资范围由证券公司与客户通过合同约定	不低于100万元	《证券公司客户资产管理业务管理办法》《证券公司定向资产管理业务实施细则》	不可公开宣传
	专项	符合法律法规，权属明确，可以产生独立、可预测的现金流的可特定化的财产权利或者财产，既可以是单项财产权利或者财产，也可以是由其构成的资产组合，包括企业应收款、信贷资产、信托受益权、基础设施收益权等财产权利，商业物业等不动产财产，以及中国证监会认可的其他财产或财产权利	—	—	

续表

机构	类型	投资范围	准入门槛	监管法规	信息披露
基金公司	公募	主要为股票、债券等场内交易品种	1000 元	《证券投资基金法》	可公开宣传
	一对一	现金、银行存款、股票、债券、证券投资基金、央行票据、非金融企业债务融资工具、资产支持证券、商品期货及其他金融衍生品	3000 万元	《证券投资基金管理公司管理办法》《基金管理公司特定客户资产管理业务试点办法》	—
	一对多		100 万元，200 人		不可公开宣传
公司基金管理子公司	专项	除基金专户的投资范围外，还包括未通过证券交易所转让的股权、债权及其他财产权利；中国证监会认可的其他资产	—		—
商业银行	银行理财	投资于银行间债券、货币市场以及信托等；可以投资于金融衍生品或结构性产品；暂不能开立交易所账户；不得投资于二级市场公开交易的股票及股票型基金；一般不能直接投资于未上市股权及上市公司非公开增发股权；其他银行基础资产等。陆续有新的限制，但没有规定不能投资的，都有可能成为创新的方向	一般 5 万 ~ 10 万元，私人银行产品有所提高	《商业银行个人理财业务管理暂行办法》《商业银行个人理财业务风险管理指引》《关于规范商业银行理财业务投资运作有关问题的通知》等	可公开宣传
保险资产管理公司	—	资金来源主要但不限于保险资金，类型包括：（1）基础设施投资计划；（2）（非基础设施）不动产投资计划，目前多用于投资保障房、公租房领域，期限较长；（3）创新试点产品，主要投资于二级证券市场；（4）经有关金融监管部门申请，可开展公募性质的资产管理业务，将与公募基金形成竞争	单一：3000 万元；多人：总数不得超过 200 人，100 万元	《保险法》《保险资金运用管理暂行办法》《关于保险资产管理公司有关事项的通知》《关于保险资产管理公司开展资产管理产品业务试点有关问题的通知》等	不可公开宣传

续表

机构	类型	投资范围	准入门槛	监管法规	信息披露
信托公司	资金信托计划	可投资债权、股权、物权、财产权及其相关组合	合格的机构投资者不限;自然人起点100万元,人数50位以下;300万元以上不限人数	《信托法》《信托公司管理办法》《信托公司集合资金信托计划管理办法》《信托公司净资本管理办法》等	不可公开宣传

资料来源:根据各监管机关发布相应规范性文件整理。

B.9
《信托法》修改与信托制度普惠化

课题组

摘 要：

我国《信托法》规定了信托的设立制度、信托财产独立性的制度、受托人制度和受益人制度，对财产制度的规范发展，也提供了充实的制度保障。但是，《信托法》只是一个信托关系的基本法律，缺乏对我国营业信托的规范。我国作为一个新兴的资产管理市场，保护投资者利益，维护理财市场的稳定发展，以及建立一套科学务实的营业信托监管体系，目前来看尤为重要。

关键词：

信托法　资产管理　营业信托　信托基础设施

《信托法》的颁布和实施，健全了我国民商法律制度，创新了我国财产转移和财产管理制度，促进了以信托公司为主体的营业信托活动的规范和发展。但是，《信托法》制定出台已十年有余，却一直没有进行过修改完善，从而导致以信托为基础的资产管理行业之制度规范难以跟上行业快速发展的步伐，无法适应资产管理行业长远发展的客观需要。因此，我国金融市场迫切需要针对各类资产管理业务的特征适时对《信托法》

进行修改完善，让更多资产管理机构分享信托制度的功能优势，同时也受到信托法律的规范管理。

（一）《信托法》对营业信托规范的缺失

我国《信托法》规定了信托的设立制度、信托财产独立性的制度、受托人制度和受益人制度，对财产制度的规范发展，也提供了充实的制度保障。但是，《信托法》的不足之处在于，它只是一个信托关系的基本法律，缺乏对我国营业信托的规范。

《信托法》第3条规定："委托人、受托人和受益人（以下统称信托当事人）在中华人民共和国境内进行民事、营业、公益信托活动，适用本法。"该条提出了"民事信托"和"营业信托"的概念。从国外的信托立法历史看，营业信托的制度规范扮演着极其重要的角色。英国在1893年就颁布了《受托人法》，之后的《受托人法案》《信托投资法案》也都有规范信托业务发展的内容；美国1906年既颁布《信托公司准备法》，对信托业加以规范，1913年颁布的《联邦储备银行法》、1940年颁布的《投资公司法》也对信托公司和其他金融机构的信托行为进行了规范；日本在引入信托制度后就制定了《信托法》，并在1922年制定了《信托业法》规范信托市场的发展；中国台湾、韩国等也相继颁布了《信托业法》，对信托业的设立及变更、经营业务范围、信托业监督管理、信托同业公会等内容进行了规定。我国《信托法》颁布实施十年来，营业信托得到了较大发展，以受托机构的身份参与营业信托的主体也呈现出多样化的趋势。

根据我国《保险法》的立法模式，《保险法》与《保险业法》合二为一，都存在于同一部《保险法》中，不仅包括保险公司的设立、监管等公法规范，也包括保险合同等私法规范。当初，我国在信托立法时，也曾经考虑将《信托法》与《信托业法》合二为一。

对于中国《信托法》的立法模式，我国著名法学家，同时也是《信托法》立法的主要参与者——江平先生曾经提到，在《信托法》最早拿出的草案中，包括了关于营业信托的特殊规范。这种立法模式主要是基于现实需要的考虑。其一，我国制定《信托法》的初衷，在于规范信托业的无序行为与已经出现的某些特种信托活动，若《信托法》只规范信托关系的一般原理，而不包含特种信托即营业信托的特殊规范，则《信托法》的制定就丧失了其现实意义。其二，如果《信托法》不将营业信托的规范纳入其范围，那么，由于认识上的原因和已经形成的八届人大五年立法计划的限制，这方面的规范在短时间内不可能由国家权力机关以法律的形式加以制定。如此一来，我国信托发展中一些亟待解决的问题，仍然在立法上难以解决，在实践中，势必只能由主管机构制定行政性规范来解决，而主管机关由于受立法素质、本位主义和已经形成的对信托不甚正确的观念等因素的影响，其制定的规则恐怕一时难尽如人意。① 因此，我国当初在制定《信托法》时，在结构和内容上采纳了《信托法》与《信托业法》合二为一的立法模式。然而，由于《信托法》部分的内容相对稳定，而《信

---

① 江平、周小明：《论中国的信托立法》，《中国法学》1994 年第 6 期。

托业法》的内容具有较大变动性，到最后《信托法》通过时，恰恰因为《信托业法》这部分争议很大，暂时难以取得一致意见，只好被迫删除，以后由国务院制定条例去解决。无奈《信托法》颁布至今已十年有余，有关营业信托的规范内容仍未确立于国务院行政法规之中，而仅仅由负责监管信托公司的中国银监会颁布的针对信托行业的诸多部门规章体现。

（二）统一立法，明确各类资管业务信托法律关系属性

将银行理财、券商资管、基金管理公司子公司、保险资管等资产管理行业的理财业务明确为信托关系是金融市场规范运行和维护投资者权益的重要保障。没有统一的信托机构管理规定，不同的受托主体适用不同的监管规定，直接制约了资产管理市场的长远发展。

第一，我国资管市场需要统一立法，明确各资管机构的资管业务法律关系为信托关系。一方面，如前所述，信托制度最适宜进行资产管理活动。现代信托已成为财产制度中唯一可以连接和沟通资本市场、货币市场和产业市场的制度。这一制度以资产为核心，以信用为基础，是以权利主体和利益主体相分离为特点的现代财产管理制度，具有破产隔离、规避税负、制度设计灵活、信义义务标准更为宽松等优势。另一方面，当前各类资管业务采取"委托代理"的法律形式不利于投资者利益保护。首先，在委托代理关系模式下，财产所有权并不发生转移，资产隔离程度最弱。其次，以委托代理之关系，资产管理机构必须以被代理人即投资者名义对外活动、安排资产交易管理，这与资产管理的理财功能属性难以匹配。再次，在委托

代理关系下，代理人即资产管理机构必须按照被代理人即投资者的授权范围活动，如要超越范围，必须得到被代理人的授权，无法实现理财业务的灵活性。最后，委托代理关系中被代理人多数情形下可以随时解除或撤销委托关系。这使得集合类资产管理计划中其他投资者的利益可能受到严重损害。

第二，对于营业信托制度的缺失，我国当前主要有三种解决路径：一是仿效韩国、日本、我国台湾等国家或地区的立法模式，单独起草制定《信托业法》；二是通过对当前《信托法》的修改完善，新增"营业信托"一章；三是通过国务院制定《信托机构管理条例》。由于考虑到我国单独一门法律的制定与修改往往需要较长的时间，当前单独起草制定《信托业法》的可行性相对较差。

而目前我国《信托法》的修改已经开始进行，如能借助这一契机，在现有《信托法》基础上新增"营业信托"一章或许是较为可行的方案。受中国信托业协会的委托，四川信托董事长刘沧龙已经连续两年在"两会"期间就《信托法》的修改与完善提出议案或提案。全国人大对此也非常重视，并授权中国信托业协会开展有关《信托法》立法后评估的课题研究工作。

如果通过《信托法》的修改新增"营业信托"一章确有难度，从国务院层面制定《信托机构管理条例》也能有效解决"营业信托"缺失的制度问题。《信托法》第4条规定，受托人采取信托机构形式从事信托活动，其组织和管理由国务院制定具体办法。根据国务院办公厅《关于〈中华人民共和国信托法〉公布执行后有关问题的通知》（国办发〔2001〕101

号），国务院法制办将组织有关部门拟定相关《信托机构管理条例》，具体指导信托机构从事信托活动。由此可见，尽管国务院制定的有关信托机构组织和管理的具体办法仅为行政法规，但是根据《信托法》的授权，其效力等同于法律。

除此之外，《商业银行法》《证券法》《保险法》等相关法律规定也为以上两大路径的实现预留了缺口。如《证券法》第6条规定："证券业和银行业、信托业、保险业实行分业经营、分业管理，证券公司与银行、信托、保险业务机构分别设立。国家另有规定的除外。"《保险法》第8条规定："保险业和银行业、证券业、信托业实行分业经营、分业管理，保险公司与银行、证券、信托业务机构分别设立。国家另有规定的除外。"《商业银行法》第10条规定："商业银行依法接受国务院银行业监督管理机构的监督管理，但法律规定其有关业务接受其他监督管理部门或者机构监督管理的，依照其规定。"

依此，我们既可对《信托法》进行修订，为其加入"营业信托"一章，也可通过国务院行政法规的制定而明确信托机构如何管理。如此一来，既可解决前述资产管理业务使用信托原理的问题，同样也不会与《商业银行法》等现有规范相冲突。这样的制度规定，既能够统领整个资产管理行业所有运用信托制度的营业机构，又能够与《商业银行法》《证券法》《保险法》拥有相同层级的法律效力，从而实现跨部门的监管协调。

（三）明确受托人义务，保护受益人利益

《信托法》第25条明确规定："受托人应当遵守信托文件

的规定，为受益人的最大利益处理信托事务。受托人管理信托财产，必须恪尽职守，履行诚实、信用、谨慎、有效管理的义务。"由此可见，我国信托法主要赋予了信托公司两大受托人义务，即忠诚守信义务和谨慎管理义务。

出于稳定金融市场的考虑，监管层对信托公司的受托人义务确定了"刚性兑付"的潜在要求。在当前传统信托业务中，受托人的义务更多地被异化为按期向投资者支付信托利益的兑付义务，从短期看，这可能有利于金融市场的稳定；但从长期看，将使行业积累更多的潜在风险，也使信托业务开展模式受到限制，不利于行业的长期发展。另外，在大资管时代背景下，同样是开展信托业务，有的机构受到"刚性兑付"机制监管，有的机构却又按照"投资者自负风险"模式监管，这样难免使得整个资管行业的风险更为突出，投资者利益难以得到有效保障。因此，通过顶层制度设计，明确受托人职责，是影响未来资产管理行业发展的关键要素之一。具体而言，信托法修改中对受托机构受托人义务的规定，应当包括但不限于以下几方面的内容。

第一，应当进一步明确受托机构如何在信托业务中切实履行忠诚守信的受托义务。

一方面，受托人向投资者提供的信托文件应当确保准确真实。受托人不得以"阴阳合同"等形式规避自身的受托责任。

另一方面，为了确保受托人充分履行忠实守信义务，信托公司在信托业务开展中还应当充分履行信息披露的受托义务。信托公司在信托业务开展过程中的信息披露义务非常重要，这也是落实其"忠诚守信义务"的关键。只有充分履行了信息披露义务，外界才能评判信托公司是否履行了"忠实守信义务"。目前，信息披露不充分是信托产品被投资者及监管层质疑的一个主要因素，也是信托产品无法打破"刚性兑付"的主要因素，以至于有人调侃厚厚的信托文件"真正有价值的只三处：收益率、期限和信托公司"。由于没有充分的信息披露，所以往往会出现信托产品"资金用途不明确"的特点，此时的信托产品更像是一个"黑匣子"，让投资者与监管层难以判断项目的实质风险。事实上，有部分开展基金化业务模式的信托公司充分履行了信息披露义务，通过实践来培养投资者真正的投资理财意识。例如，华润深国投信托推出的"托付宝"系列产品与上海国际信托推出的"红宝石"系列产品，即使项目的收益率偶尔会出现负值，但由于信息披露充分，也普遍为投资者所接受。

第二，应当进一步明确受托机构如何在信托业务中充分履行谨慎管理的受托义务。

首先，受托机构应当在尽职管理与尽职调查过程中充分履行谨慎管理义务。尽管对于尽职管理和尽职调查，不同的受托机构可能有着不同的内部标准，如果出台统一的行业性标准，一旦过严可能会使受托机构难以落实，出现矫枉过正的现象，但是，如果打破"刚性兑付"机制，这样的谨慎管理标准或许可以通过未来具体的司法案例进行判断。有些问题必须在各方产生很大的分歧后，经过当事人各方举证，并通过专业律师激烈的辩论，最后由司法部门审理判决。尽管我国无法像英美法系国家一样支持司法判例的法律效力，但是历史性、标志性的信托案件同样能起到很好的示范效用。由于"刚性兑付"

资产管理蓝皮书

这一潜在监管机制的存在，一个近 10 万亿元规模的金融子行业却很少有相关司法纠纷案件，这本身就是很不正常的现象。

其次，受托机构应当在投资决策过程中充分履行谨慎管理义务。受托机构应当区分不同风险偏好的投资者，配置相应风险的资产。风险承受能力较弱的保守派投资者应当严格遵循谨慎管理的义务，尽量避免投资于风险较高的行业，尽量避免与实力较弱的交易对手进行合作，针对具体业务，监管部门可以制定更为详细的标准；而风险承受能力较强的激进派投资者，则可以适当选择投资于风险和收益都稍高一点的项目和行业，以更好地针对投资者需求服务，但这必须以通过信托合同等方式与投资者达成一致为前提。

最后，作为谨慎管理义务的延伸，信托公司在信托业务中应当严格履行谨慎选择第三方机构管理的受托义务。随着未来更多新型业务的开展，对受托人主动管理能力的要求将越来越高。但是，就目前大多数信托公司的资产配置能力与专业管理能力来看，可能还难以完全独立运作此类新型信托产品。包括国外的受托管理机构，也经常选择有专业管理能力的第三方机构代为管理。然而，如果信托公司在选择第三方代理时，没有充分了解第三方是否具备相应的专业管理能力，或完全被动地依赖第三方的投资策略进行操作，则有可能损害受益人（投资者）的相关利益。另外，严格履行谨慎选择第三方机构管理的义务，也与受托人的"亲自管理义务"紧密相关，因为根据《信托法》的规定以及各国信托制度原理，受托人原则上应当承担亲自管理的义务。我国《信托法》第 30 条规定："受托人应当自己处理信托事务，但信托文件另有规定或者有不得已事由的，可以委托他人代为处理。受托人依法将信托事务委托他人代理的，应当对他人处理信托事务的行为承担责任。"其实，信托公司作为受托人，之所以必须亲自管理信托事务，是因为信托关系产生的基础是委托人与受托人之间的高度信任关系。如果允许受托人任意选择他人实际履行受托人的职责，则既有违于成立信托的信赖基础，也不符合委托人对信托设计的真实安排。

（四）加强信托关系合法性的保护

信托制度实际上是在我国原有的"名实合一"财产权制度之外，另行建立的一项"名实分离"的财产权制度。而在引入信托制度之前，我国仅存在以民法所确立的绝对所有权概念为基础的单一财产权制度，其典型特点就是"名实合一"，即财产的名义权利与实际利益均由财产权人享有。但是，我国目前《信托法》对信托财产权利归属问题的处理较为模糊，对于信托受益权等新型财产权利，缺乏法律属性方面的明确界定，从而不利于信托关系合法性的保护。

优先通过信托法层面的修改，来实现加强信托关系合法性保护的目的，其效果更加直接有效。

一方面，信托财产的权利归属模糊，影响了信托关系的成立。我国《信托法》对"信托"的定义较为模糊。《中华人民共和国信托法》第 2 条规定："本法所称信托，是指委托人基于受委托人的信任，将其财产权委托给受托人，由受托人按委托人的意愿以自己的名义，为受益人的利益或者特定目的，进行管理或者处分的行为。"我国《信托法》对信托定义的争议主

要在于对信托财产的权属界定问题,这在很大程度上会影响到信托业务在我国的普及和开展。信托财产的独立性是信托制度区别于其他法律制度的重要因素之一,也是信托制度独一无二的优势之一。

信托制度源于英美国家,与英美国家的衡平法制度有着千丝万缕的联系。作为信托发源地,英国由于是不成文法国家,不存在成文法的专门定义。不过,根据众多英国法院在司法实践中的判例,我们可以大体上推出信托的规则。根据英美信托法的双重所有权制度,普遍认为信托的受托人一般持有财产法律上的所有权;受益人拥有衡平法上的所有权利益。对于信托财产的独立性原则,《关于信托的准据法与承认信托的海牙公约》第2条做出了相应的规定,一个信托具有下述特征:①信托财产构成一个独立的基金,并且,它不是受托人自有财产的一部分;②信托财产的所有权在受托人或受托人的代表人的名下。在非衡平制度下的大陆法系国家,对于信托的定义,日本信托法的规定是:"本法所称信托,系指有财产权转让和其他处理行为,令别人遵照一定的目的进行财产管理或处理。"日本作为亚洲最早引进信托法律制度的国家,其信托定义对亚洲其他大陆法系国家和地区有着深远影响。中国台湾地区的信托法第一条关于信托的定义为:"称信托者,谓委托人将财产权移转或为其他处分,使受托人依信托本旨,为受益人之利益或为之特定之目的,管理或处分信托财产之关系。"因此,为了明确信托财产的独立性,无论是在英美法系,还是在大陆法系,大部分国家和地区均明确了信托财产的所有权转移到受托人名下的概念。而我国信托法在涉及信托财产的转移时,使用的不是"转让""转移""移转"等词，而是"委托"一词。

另一方面，信托受益权等新型财产权利的法律属性有待进一步明确。目前，在实务操作中，信托受益权等新型财产权利已经作为资产管理机构的投资标的被广泛运用，但是法律层面一直欠缺对此类财产权利属性的确认，在极端情况下，有可能被司法部门认定为信托关系无效。另一方面，信托受益权法律关系的不确定性也直接影响其在二级市场流通转让。

我国目前的民事法律体系，主要支持财产法律属性以物权与债权进行归类的二分模式。然而，信托受益权等新型财产权利，是一种兼具物权特征与债权特征的新型权利，简单将其归入物权或债权并不可取。从理论上讲，信托关系是与债权、物权关系相平行的一种法律关系，《信托法》的法律效力也应当与《合同法》《物权法》相平行。随着社会经济的高速发展，传统的债权与物权二分模式已经较难适应社会发展的需求，不利于对公民合法财产进行充分有效的保护。因此，有必要通过法律的修改对我国民事法律体系进行重构，使得新型财产权利能够得到法律层面的认可与规范。

当然，对于民事法律体系进行重构可能需要较长的时间，这与加强信托关系合法性保护的迫切性存在一定的冲突。在这种情况下，完善信托配套制度可谓一条弥补当前信托法律缺陷的有效途径。

1. 信托登记制度

信托依法成立后，信托财产即从委托人、受托人以及受益人的自有财产中分离出来，成为独立运作的财产。这是信托制度的核心内容，也是信托得以安全运行的根本。为了实现信托

财产的这一独立特性，各国除规范信托基本法律关系外，均配套以专户管理、信托登记等制度，从而构成信托原理的整体。可以说，信托登记等配套制度是信托原理不可或缺的组成部分。

我国属于大陆法系国家，引入信托制度时也规定了信托登记制度，比如《信托法》第 10 条规定：以依法应当进行信托登记的财产设立信托，如果未办理信托登记手续，则信托无效。但是，我国《信托法》对信托财产所有权转移表述含糊，除明确信托财产具有独立性（有别于委托人、受托人的固有财产）外，未直接明确设立信托转移了的信托财产的所有权，这样一来，《信托法》第 10 条关于信托登记的内容就成了无本之木、无源之水，其主管登记机关、登记内容变得不明确。

大陆法系国家信托财产的登记分两步走，第一步是信托财产移转的所有权变更登记，第二步是标明其为信托财产的登记。既然我国《信托法》没有直接、明确规定信托财产的所有权发生转移，有业界人士建议不妨先把第一步的登记置之一边，先想办法解决第二步的登记问题。

依照信托财产具有独立性的原则，结合我国的法律习惯，不管信托财产所有权是否发生转移，不管信托财产是否需要办理所有权变更登记，均需要对委托人设立信托的特定财产进行登记并标识为"信托财产"，这一方面表明受托人得到的是不完全的信托财产所有权，即通常所说的名义所有权；另一方面保证不混同受托人的固有财产及其管理的信托财产。综上所述，标明为"信托财产"的信托登记，可以被称为信托财产的"独立性登记"。

实施信托财产的独立性登记，不仅可以摆脱信托财产是否转移的难题，而且可以交由专门的信托登记机构来统一办理，避免需要众多权属登记部门出台信托登记细则的难题。此外，信托监管机构和信托当事人可以从一个登记平台得到信托计划及相关信托财产状况的完整信息。信托财产的独立性登记仅仅是给信托财产烙上"信托"标识，经国家认可后，其登记效力即可对抗第三人，实现信托登记的制度设计目的。

为了处理好与其他财产登记制度的衔接问题，应权属登记部门的要求，信托财产的独立性登记机构应当将独立性登记的情况，报送相关权属登记部门备案。

2. 信托受益权二级市场建立

（1）信托二级市场的尝试

信托受益权的流通性是信托制度生命力和活力之所在，但我国信托受制于流动性不足的现实困境，行业规模始终无法做大，建立信托二级市场迫在眉睫。

实际上，从 2005 年开始，北京金融资产交易所（前期探索为其大股东北京产权交易所，以下简称"北金所"）就与信托机构联手探索信托受益权交易机制。按照北金所的思路，第一步是建立信托受益权登记托管系统，建立各信托投资公司和北金所之间的数据交换通道；第二步是在充分与信托投资公司沟通的情况下，进行信托收益权登记等制度建设。在此基础上建立信托受益权转让平台，并逐步建立起经纪商的队伍，最终使信托产品能够顺利地交易过户。

在这其中，作为信托受益权的指定托管机构，北金所信托受益权实行会员代理制度。也就是说，信托受益人或信托受益

权买方不能直接委托北交所进行信托受益权的买入和卖出业务，以及其他交易业务；只能通过会员的场内申报，分别报价，最终撮合成交。

但从北金所的信托中心（信托产品受益权交易服务平台）成立以来，在信托受益权转让方面的作为并不多，这表明解决信托流动性的问题非一家机构所能承担。

（2）信托缺乏流动性溯因

造成信托流动性不足的原因是多方面的。

首先，最根本的原因是，虽然《信托法》明确规定，受托人的信托受益权可以依法转让。但是对于信托受益权的性质、转让的条件、程序，转让何时生效，是否可以部分转让，是否应登记，《信托法》均未做出规定。这些问题不解决，信托受益权的流转将受到严重阻碍，不利于信托制度功能的发挥。

其次，信托业几经整顿后，一系列旨在规范信托业务的配套制度出台，也在一定程度上限制了信托产品的流通转让。比如，信托公司不得以发行委托投资凭证、代理投资凭证、受益凭证、有价证券代保管单位和以其他方式筹集资金，这意味着现有的信托受益权只能以信托合同而非信托受益凭证的方式成立，并且有200份和50人的限制，加之不能公开宣传，客观上造成信托产品转让成本较高，限制了信托流通市场的形成。

最后，金融工具的流通转让需要依托金融市场。金融市场能够汇集金融工具信息，降低买卖双方的搜寻成本，并为转让行为的实施提供便捷的平台。信托作为一种金融工具，其转让流通也需要依托规范的信托二级市场，而信托登记制度的缺位使得规范的信托二级市场迟迟未能建立，成为信托流动性的最大现实障碍。

当前，信托业以项目驱动为主的业务模式，以及信托产品设计的灵活性和多样性等客观上赋予信托产品个性化、复杂化的特点，使其难以被广大投资者充分认知，规模无法充分做大。而对任何一种金融产品来说，合约的标准化、产品的规模化以及较高的市场认知度是其具有较高流动性的内在基础。因此，在当前信托业务模式下，信托产品的非标准化、非规模化以及市场认知度低等内在特性也是制约信托流动性的重要原因。

有鉴于此，应该多管齐下，提升信托流动性。一是要完善信托制度，包括信托财产登记制度、信托合同份数和投资者人数约定、信托受益权转让制度等一系列制度；二是构建规范的信托二级市场，同时应当整合信托柜台市场，通过信息整合建设一个统一的信托转让信息系统，作为信托柜台市场；三是创新信托业务，努力研发标准化、规模化、市场认知度较高的产品，实现做大信托规模与提升信托流动性的良性互动发展。

（3）信托税制的完善

由于信托制度是一项创新的财产制度，主要表现为信托财产上"一物二权"的法律构造，信托财产的所有权属于受托人，信托财产的受益权属于受益人，而我国原有的税收制度均是与"一物一权"的传统财产制度相适应，难以简单套用信托这种"一物二权"的创新财产制度，必须予以重构。

从国际上看，无论是信托发源地英、美，还是引进信托制度的日本和我国台湾地区，均在建立信托制度的同时，以自己

的方式确立了信托税制。比如我国台湾地区在 2001 年陆续修改增订了七部税法,也就是说,凡是《信托法》涉及的信托业务,在台湾的税法修改过程中都做了相应的改变或明确。

目前,我国还没有建立与信托活动相配套的税收制度,由此,一方面,信托当事人将缴纳本不该缴纳的税收,不合理地提高信托的交易成本,从而制约了信托功能的系统发挥,不利于不动产信托业务以及公益信托业务的开展与普及;另一方面,信托当事人本该缴纳的税收也无法缴纳,一定程度上可能助长信托不合理避税的空间,造成国家税收流失。

因此,我国需要以特别法的形式,构建独立的信托税制。本着促进信托事业健康发展的目标,遵循信托的本质属性,并借鉴国际有效经验,我国信托税制应遵循以下基本原则:信托产品课税应坚持效率优先、兼顾公平;应按照信托实质以实际受益人为最终纳税人,避免对名义应税行为征税;避免对名义转移行为的课税,消除重复征税;受益人通过信托进行的任何经营活动的税负应当不高于受益人亲自进行该项经营活动所承担的税负;在纳税时点的选择上,应坚持所得或信托财产发生时纳税义务成立。

3. 营业信托监管体系的完善

我国作为一个新兴的资产管理市场,保护投资者利益,维护理财市场的稳定发展,以及建立一套科学务实的营业信托监管体系,在目前显得尤为重要。从长远发展角度看,我国营业信托监管体系有必要进行从机构监管到功能监管的转变。从现行发展角度看,在缺少独立的监管部门对资产管理业务实行统一监管的情况下,各资产管理机构所辖监管部门之间应当加强彼此沟通协调，实现监管标准的统一，维护金融市场的稳定发展。

（1）从机构监管到功能监管

就资产管理的现实格局而言，商业银行、证券公司、基金公司及其子公司、信托公司、保险公司及其资产管理公司等不同类型金融机构都在向公众提供不同形式的资产管理服务。如前所述，尽管现实中各种类型的金融理财产品名称多种多样，所属金融机构各不相同，产品销售目标群体也有差异，但在金融机构与投资者之间的法律关系中却存在诸多共同点：①投资者在投资金融理财产品时，与金融机构之间进行交易的第一个环节是将货币资金转移至金融机构名下管理；②投资与金融机构之间的资产管理合同具有三个方面的特性，一是投资者以获取资产的增值收益为目的，二是不同投资者的资产进行了汇集，三是投资者的收益仰赖金融机构的管理；③投资者通过与金融机构签订资产管理合同，建立信任关系。

在"分业经营，分业监管"的背景下，金融市场监管的法律规则并非从资产管理的共同法律属性出发而统一协调制定，而是由各个监管部门基于各自监管需要与监管便利而分头出台，由此形成了"机构监管"的总体特征：将金融机构类型作为划分监管权限的依据，即同一类型的金融机构均由特定的监管者监管。

但是，我们不得不审慎面对机构监管带来的如下现实问题及困境：①机构监管模式强调每一种类型的金融机构都由其明确对应的一家监管机构监管，在表面上实现了"人盯人"战术的完美运用，但是在现实的金融交易中，该监管模式却存在

219

"局部真空"的尴尬。②机构监管模式之下各监管机构大多数情况下各行其是地行使监管权力，事实上给被监管者带来了"监管套利"的机会，过往的银信理财就是典型代表。③以特定类型金融机构为中心而开展的监管活动的机构监管模式，往往会导致如下后果：监管机构的工作重心不是放在保护投资者利益之上，而是以维系金融机构风险可控性及整个金融市场的系统安全性为重点。例如，美国次贷危机就是此种弊端的典型表现。在美国所采取的伞形监管框架下，美国联邦储备系统、美国货币监理署、联邦存款保险委员会（FDIC）、证券交易委员会（SEC）等机构之间缺乏有效的协商机制，又没有统一的投资工具监管规则。次级贷款抵押证券就是在这样一个缺乏有效监管的条件下发展成"剧毒产品"的。①

就我国资产管理市场而言，各部门根据金融机构属性而分别监管，导致监管资源相对分散，容易形成监管的冲突与空白，使得个别较高风险的资产管理业务游离于监管体系之外。实践中，我国资产管理市场也不时有风险个案出现，不仅侵害了投资者的权益，而且影响了形成中的资产管理行业声誉。长此以往，如果个案风险不断积聚，还有诱发系统性风险的可能，从而影响整个金融市场乃至国民经济的稳定。面对此问题，我国管理层也采取了相应对策，但相对于迅速成长的市场，作用比较有限，且政策常常滞后于市场的发展。

因此，我国在完成《信托法》修改的基础上或在修法推

---

① 廖凡：《金融监管竞争冲突与协调——兼论我国混业监管的制度选择》，《北京大学学报（哲学社会科学版）》2008年第3期，第46页。

进过程中，应当针对目前多元化的监管模式进行变革，整合监管资源，统一监管权力的行使。

在当前中国金融分业监管和机构监管的格局下，可以暂时先按机构主体的归属分别监管，但是理念和标准必须一致，对信托业务的监管应当实现从机构监管到功能监管的逐步转变。由于我国当前开展的各类资产管理业务的法律实质基本均为信托关系，可以根据这一功能属性单独设立资产管理监管委员会或信托监管委员会，对资产管理业务全面进行功能监管。

当然，金融监管应当遵守有效监管这一根本性原则，力争以最小的行政成本实现最佳的监管效果。从机构监管到功能监管的取舍与转换，也必须从安全性、可行性以及效率出发，谋求政府监管与市场化约束之间的平衡和协调。

（2）监管标准的统一：加强监管沟通

尽管实行"功能监管"有利于我国资产管理行业的规范发展，但是这样的转变仍需逐步推进，难以一蹴而就。因此，在功能监管尚难立刻实现的前提下，我国资产管理行业仍将在一定时期内处于机构监管的现状。在目前仍属于分业经营、分业监管的大背景下，信托公司、商业银行、证券公司、基金公司及其子公司、保险公司及保险资产管理公司等各类受托机构在开展资产管理业务时仍然需要遵循各自对应的监管部门所制定的规则，监管标准不统一的情况仍有可能持续。

本质相同的资产管理业务面临不同的游戏规则，必然造成市场竞争的不公平和投资者选择的非理性。在业务上同质性大于差异性的市场，实行不同的监管标准，对理财消费者而言，市场信号不明朗，不易辨别真伪和高下，大大提高了信息搜寻成本；对理财机构而言，禁区和门槛过多，不利于创新，大大提高了签约和执行成本；对监管者而言，基于多元需求的市场合作必然造成监管重复和监管空白，大大降低了监管的有效性；对整个市场而言，则是效率的损失。如此以往，市场竞争优势不是建立在金融产品创新和结构设计上，而是建立在拼底线、拼监管套利的可能性上，这必然不利于资产管理市场有序、健康地发展。

我国信托业目前已经在金融理财市场上大步迈入混业经营的大资管时代。在这样的背景下，对统一资产管理市场监管标准的诉求也越来越强烈。由于资产管理市场的各类理财产品涉及多个监管当局，如果现在短时间内较难形成一个统一的监管机构，则至少应当要求"一行三会"及发改委之间加强彼此的沟通联系，在监管理念、原则、标准上实现统一。

当然，监管部门之间加强沟通联系以及统一监管标准，最终还需要制度的保障才有可能真正落实。因此，为了纠正当前资产管理市场监管紊乱乏力的现象，统一立法才是解决问题的终极途径。明确统一规定信托经营机构的业务范围、经营规则和治理原则，并确保司法权的适度介入，建立不同于经营主体监管机构的监管协调制度，才是当前我国信托业乃至金融业监管制度改革和创新的优化选择。只有如此，才能充分发挥信托制度对资产管理市场的贡献，才能杜绝当前资产管理市场的乱象，才能营造资产管理市场的公平竞争环境，并最终为投资者提供统一而严密的法律保护。

B.10
信托共有制的有效实践

蒲 坚*

摘 要：

信托共有制实现了个人财产社会化和产权成分多元化，同时基于"三权分离"，实现了产权包容性。信托共有制是一种崭新的经济关系，也是共有制的一种有效实现形式。其制度的灵活性和有效性，较好地调和了市场经济中的利益冲突，有利于缓解弱势群体对政府的不满情绪，并增强社会的信任与和谐。

关键词：

信托共有制 资本运作 权能设置 三权分离 中间制度安排

在资本运作的实践中，我们越来越认识到，信托共有制其实是一种新型的共有制，也是共有制的有效实现形式，它具有"资本运作完全独立，权能设置三权分离"的特点，以"受人之托，代人理财"为基石，与社会主义市场经济相衔接。信托共有制在股份制两权分离的基础上，以信托

* 蒲坚，中信信托有限责任公司董事长，中国国际经济咨询有限公司董事长中国信托业协会会长。美国福坦莫大学工商管理硕士，高级经济师。本文原发表于《战略与管理》2013 年第 1 期。

为手段，以信用为基础，发挥制度优势，利用信托"三权分离"的天然属性，进一步做到了受益权分离，科学地实现了马克思所说的在"生产资料共同占有的基础上，重新建立个人所有制"。

信托共有制在一种新型的法律框架内实现了个人财产社会化、产权多元化、"自由人联合体"的权利清晰化、利益分享的普惠化，是对传统公有制模式的积极扬弃。因此，它是一种内涵更加丰富、形式更加自由、目标更加包容的产权制度。它作为一种中间制度安排，调和劳动力和生产资料在个人占有与社会占有之间的矛盾，平衡公平与效率，兼容平等与自由，实现了共有制和市场经济的完美结合，有利于推动社会主义市场经济的发展，最终实现"共同富裕"。

一　信托共有制是共有制的有效实现形式

现阶段，为了适应社会主义市场经济的发展需要，国有经济、集体经济、私营经济、个体经济、外资经济等相互融合发展，出现了产权成分多元化的新格局。共有制则是集国际、国有、集体以及个人、跨地区、跨行业产权的一种组合形式，以个人财产社会化为特征，具有产权成分多元化、产权明晰的优点。

信托共有制相较于全民所有制和集体所有制而言，在坚持公有制的主体地位的基础上，又融合了其他所有制形式，更好地实现了产权包容性，适应了产权多元化的新格局，天然地契合了社会主义市场经济，是一种崭新的经济关系。信托共有制调和了社会主义和市场经济的矛盾，兼顾了公平和效率，弥补了传统金融服务模式的弊端，表现为一种无边界的中间制度安排。因此，信托共有制实现了共有制和市场经济的有机结合，创新了所有制结构，是共有制的一种有效实现形式。

（一）信托共有制是一种新型的生产关系

信托共有制横跨资本市场、货币市场和产业市场，转化了资本形式，形成了建立在社会化大生产基础之上，以生产资料和劳动力一定规模集中为前提的社会资本集成，实现了个人财产社会化和产权成分多元化，进而实现了产权包容性，是一种遵循共有制路径的新型生产关系。

1. 信托共有制实现了个人财产社会化和产权成分多元化

信托共有制运用信托手段，集合分散的社会资金，利用其特殊功能进行整合与优化，再将资金投到经济社会各领域，实现由资金到资本的飞跃。这个集合的资本不是民众资金的简单加总，而是马克思所说的"不再是相互分离的私有财产，而是联合起来的生产者的财产，即直接的社会财产"。信托资本的本质表现为，它既保证了个人所有权属性，又体现了个人不能占有和控制全部资本的共有权属性，使信托资本脱离于"私人财产"成为直接的社会共有财产，是马克思所说的"作为私人财产的资本在资本主义生产方式本身范围内的扬弃"。它实现了个人财产社会化，并在所有者社会化的前提下，扩大了社会占有生产资料的范围，最终表现为产权成分多元化。

信托共有制的产权成分是在法律框架下，实现多元产权主体共融，其主体可以表现为国家、集体和个人。它做到了委托人所有权不变，集合其闲散资金，形成高效的社会资本；通过二次经营代理，实现资本增值，满足民众的投资需求，弥补民众专业投资知识和能力的不足，实现了经济发展利益的普惠与共享。

2. 信托共有制基于"三权分离"，实现了产权包容性

共有制的产权包容性体现了两方面的含义：一是所有权和经营权的分离；二是产权的开放性，即产权在社会范围内自由流动、自由组合及自由交易。实践证明，信托共有制基于"三权分离"，实现了使用权和受益权的流动，在明确产权的基础上，融合国有经济、集体经济、私营经济、个体经济、外资经济等多种经济形式，容纳了多重生产力发展的空间，其潜力要比单一的生产关系更大，做到了多元产权主体共融，实现了产权主体多元化。

（二）信托共有制是一种中间制度安排

信托共有制依托其"受人之托，代人理财"的功能，表现出制度的灵活性和高效性，构建了企业治理结构的新形式，实现了共有制和市场经济的有机结合，在两者间搭建了一座桥梁。

多年来的实践证明，要实现共有制和市场经济的有机结合，仅局限于国有企业、集体企业或是股份制等共有制实现形式是不行的，必须要创新所有制形式，进一步明确生产资料的"个人占有"和"共同占有"，即在明确生产资料的个人所有权的同时，体现生产资料的社会属性。信托共有制以信托为手段，变革了企业产权结构，实现个人财产社会化和产权成分多元化，有利于构建现代企业制度，是共有制的一种有效实现形式。

如果将信托共有制引入国有企业，可以有效解决国企的弊端，保证市场主体的产权清晰性，调整法人治理结构，明确国有企业的委托人、受托人和受益人享有的法定权利和承担的法定义务；并在不改变企业国有性质的前提下，实现政企分开，减少国有企业效率损失和不理性决策。如果将信托共有制引入民营企业，可以有效地提升民营企业的竞争力，优化其财务结构，实现资本、知识、技术和人力资源等的有效结合与配置。

因此，我们认为，信托共有制并不是一种单纯的金融工具，而是一种中间制度安排，是推动经济社会发展的一种手段和路径。信托共有制依托其制度的灵活性和有效性，较好地调和了市场经济中的利益冲突，有利于缓解弱势群体对政府的不满情绪，并增强社会的信任与和谐。

二　信托共有制遵循共有制路径

信托共有制作为共有制的一种有效实现形式，实现了"自由人联合体"的权利清晰化、利益分享的普惠化，天然契合了社会主义制度和市场经济的原则，一手托公平，一手托效率，调和了劳动力和生产资料在个人所有与社会占有之间的矛盾，有机融合了共有制和市场经济，依据贡献率实现资本民享，进而实现金融普惠和共同富裕，在制度安排上完全遵循了共有制发展路径。

（一）明晰信托所有权归属，实现资本民享

市场经济的发展历程，先后经历了产品社会化、劳动社会

227

化和产权社会化三个过程。其中,产权社会化是实现共有制的基石,也是实现共同富裕的开端。而信托共有制在实现产权社会化的基础上,进一步明确了所有权归属,进而有利于优化分配方式,实现资本民享。

第一,明晰信托所有权归属,实现权利清晰化。

信托所有权的初始来源是委托人,随着信托关系的建立,信托便属于受托人"所有",即委托人享有终极所有权,受托人享有法定所有权。委托人不行使"占有、使用、处分、收益"四项权能,而以对自己的权益进行持有、转让、取舍、交易的方式,激励信托高效运行,防止受托人滥用权利。受托人行使经营权,委托人和受益人不参与任何具体经营和管理。信托的所有权归属没有发生改变,委托人通过"用脚投票"的方式来行使自己的权益,保障信托资本的自由流动,实现了产权的开放性。

第二,多种分配方式相结合,实现资本民享。

在信托共有制中,委托人具有劳动者和信托资本所有者双重身份,受托人具有劳动者和信托资本管理者双重身份,受益人具有劳动者和信托资本受益者双重身份,实现按劳分配和按资分配相结合,体现委托人在社会主义市场经济中的资本所有者地位,保护受托人的资本使用者地位,明确受益人的资本受益者地位,为劳动者共同富裕提供必要的财产保障。

(二)发挥信托经济价值,实现金融普惠

信托共有制的经济价值在于,通过其制度安排,搭建金融信托的商业运作平台,重构和优化投资的增信机制,提高资金

使用过程的管理效率，发挥信托在金融资产管理、资金筹集和运用方面的独特作用，以及作为综合金融服务供应商的独特优势。我们将信托共有制引入农业领域，可以缓解农业自身资金外流和主流金融机构"惜贷"造成的资金短缺问题。例如，中信信托实施的中信草原惠农基金就是一个典型案例。该项目的实施有利于完善地方金融体系，促进农村金融秩序的稳定和有序发展，缓解广大农牧民及中小企业贷款难的困境，有效引导资金流向农村和欠发达地区，支持社会主义新农村建设，实现金融普惠。

（三）"重建个人所有制"，兼顾公平与效率，实现共同富裕

共有制的本质表现为"重建个人所有制"，体现了产权主体的广泛性、生产资料的社会化和利益分享的普惠化三者的有效结合，有利于促进社会和谐发展，兼顾公平与效率，实现共同富裕和经济效益最大化的融合。

信托共有制作为社会主义市场经济条件下的一种新型共有制，可以调和公平和效率的矛盾，最终实现共同富裕。信托共有制将私人财产转化为社会财产，在生产资料社会共有的基础上，重新构建个人所有制，实现资本民享。普通民众可以参与投资，拥有信托产品形式的资本，实现了财产社会化和公众化，最终有利于实现共同富裕。

三　信托共有制在社会主义市场经济中的积极作用

实践证明，信托共有制实用性强、弹性空间大，可广泛应

用于诸多社会生活领域，是优化生产要素配置，实现经济均衡发展的有效途径。

（一）有利于社会主义市场经济平稳发展

信托共有制利用信托横跨货币市场、资本市场、实业市场，集成股权、债权和夹层等多种金融工具的优势，集中各类资源，提供全方位的金融服务，可满足社会主义市场经济多样化、多层次的资金需求。信托共有制将大量闲散资金转化为高效资本，积极开展政信合作和银信合作，有利于满足基础设施建设的融资需求，解决农村和农业资金短缺的状况，拓展国家战略产业和民生事业的发展空间。对于服务社会主义市场经济，信托共有制具有独特优势：第一，功能多样化，涉足领域广泛，运作方式灵活，可提高金融市场的效率，减少金融体制的非均衡性，满足多样化的融资需求；第二，融资弹性大，融资速度快，融资可控性强，可缓解信用资源不足的问题；第三，创新能力强，可在投融资、产品服务和风险管理等方面进行创新，不断提升服务社会主义市场经济的能力和水平。

（二）有利于国家宏观管理结构的优化

在国家管理的宏观层面借鉴信托共有制的理念，有利于国家宏观管理结构的优化。国家应尽量避免参与微观层面的经营管理。因为国家可能会运用自己的职权，集合全社会资源证明自己的成绩，并运用自己的裁判身份评判经济结果，造成既当裁判员又当运动员的现象，从而使得责、权、利不清。我们要避免这种现象，可以将共有制理念适当引入国家宏观管理结构的不同层次，划定责、权、利的边界，提高治理绩效。

（三）有利于国有资产管理，促进国企改革

国有资产属于全民所有，全民不能以个体形式直接行使所有权的全部权能，只能由国家代表全民行使所有权。这里的"代表"内含了三个层级的委托代理关系：从全民到国家的原始委托，从国家到政府部门的一级委托，从政府部门到国有资产中介经营机构的"二级代理"。其中，国有资产中介经营机构可以是政府专业经济管理部门、大型企业集团或非银行金融组织等相关机构。信托作为国有资产中介经营机构的可选择主体之一，依据其特有的"三权分离"特点，可以较好地实现国有资产管理中的"二级代理"权能，有利于建立合理的国有资产收益分配关系，解决国有资产的所有者缺位问题，保证国有资产安全和保值增值，兼顾国有资产的所有者、经营者的个人利益和共同利益，实现经济效益和社会效益的有机结合。

（四）有利于决策民主化和科学化

民主的本质是人民的决策，而决策质量在很大程度上取决于人民的平均知识占有量。民众的平均知识占有量越高，社会的民主化程度就越高。信托共有制作为一种中间制度安排，有利于弥补人均知识占有量的不足，提升决策的民主化和科学化水平。

信托共有制代表着众多民众的利益，为民众利益最大化服

务；其资金来源是集合了民众的分散资金形成的资本集成；其所有权和使用权的分离表明其决策过程是建立在民意的基础上，必须接受民众的监督，要是出现违背民意的情况，就会被民众抛弃。

信托共有制在明确资本所有权的基础上，运用知识的合力，体现集体智慧，进行民主决策。决策前要做大量深入、系统的调查研究，通过分析论证、科学预测、综合评估等环节，提出切实可行的方案。这样提出来的方案，发挥了群体智慧的优势，弥补了人均知识量的不足，保障了决策的科学性和严谨性。

决策结果体现的是决策团队和委托人的共同意志。信托共有制可以防范权力的滥用，增加决策过程的公开、公正和透明度，保证决策的顺利实施。

专题研究篇

Chapter of Special Research

Ⅱ.11

"刚性兑付"的成因、

影响及其破解

课题组

摘 要：

尽管概览相关法律法规，信托公司之"刚性兑付"义务并未见诸任何法律规范，但实际上，我国信托产品已经形成了"刚性兑付"的现象。为了破解信托产品"刚性兑付"困局，首先投资者必须理性看待"刚性兑付"；其次要多管齐下，破解"刚性兑付"困局。此外，还需从以下细节着手：明确信托受托人的谨慎投资义务部分，最大限度降低产品风险；树立组合投资理念，切实防范信托产品

投资风险；建立信托风险缓冲基金，处置兑付不能问题。
关键词：

　　刚性兑付　制度惰性　流通机制　调节型监管
信托风险缓冲基金

　　所谓信托产品"刚性兑付"，即信托产品到期后，信托计划出现不能如期兑付或兑付困难时，信托公司必须如期支付投资者信托本金及收益；换言之，在此情况下，投资信托产品事实上得以实现"高收益、零风险"。近年来，宏观经济逐步下行、股市持续低迷，即使如此，信托产品却能以年化收益率8%、10%、12%，甚至更高收益率一路高歌猛进，关键原因就是信托产品"刚性兑付"而导致其"零风险"特点，使得投资者争相抢购。就理论而言，任何完全市场竞争下的投资行为必定是风险与收益并存，并且风险与收益成正比，然而，我国的信托产品投资却打破了这一市场基本定律。

　　概览相关法律法规，信托公司之"刚性兑付"义务，并未见诸任何法律规范。恰恰相反，《信托公司管理办法》第34条明确规定"信托公司不得承诺信托财产不受损失或保证最低收益"，《信托公司集合资金信托计划管理办法》第8条规定信托公司推介信托计划时，"不得以任何方式承诺信托资金不受损失，或者以任何方式承诺信托资金的最低收益"。由此可见，"刚性兑付"不仅背离市场规律，更无法律明文支持。但是，"刚性兑付"为何业已成为信托业的潜规则，且一直未能被打破？原因何在？影响如何？我们又当如何破解"刚性兑付"的困局？

一 "刚性兑付"的成因：多方综合发力

（一）"刚性兑付"久未被打破的原因

1. 信托公司的比较弱势，需要"刚性兑付"予以弥补

第一，信托公司投资者基础薄弱，尤其是自身积累的高净值客户极为欠缺，若依靠自身力量销售则有可能导致"有产品、无买主"的局面出现。当前，除中信信托、平安信托、华润信托等少数信托公司外，大量的信托公司缺乏自己的投资者积累，多靠银行及第三方理财机构代销信托产品，签订合同、分配利益时不得面见投资者，使得信托计划结束后，信托公司仍不知其投资者为何人的情形常常发生。信托公司投资者资源薄弱已成信托公司的发展瓶颈，尤其是当其同时发行几只信托计划时，面临的销售困难更是巨大。因此，诸多信托公司只得依赖"刚性兑付"确保投资者"高收益、零风险"，从而促进产品销售。

第二，诸多信托公司自主资产管理能力欠缺，并未掌握资产管理和财富管理的核心能力，除了在房地产、证券、矿产能源等少数几个领域建立了一定的专业能力外，对其他产业及金融市场上的其他产品了解不够，使得其仍未摆脱"通道"角色，只得将融资方的项目和金融同业（如银行）的投资者简单进行对接，包装成简单的信托计划。因此，产品线不够丰富，为超高净值投资者订制产品、设计投资组合的能力也就有限，故而只能通过默许"刚性兑付"，增强投资者对其产品的

认可及接纳度。

第三，就提升信托业整体竞争力而言，需要遵守"刚性兑付"的潜规则。相较于银行、证券公司，在制度的完善性、具体项目的运管水平、投资者服务的全面性等方面，信托业因起步较晚而相对落后，若信托产品到期不能兑付，不仅将导致该信托产品的发行公司市场声誉受损，而且会波及整个信托业在金融市场的整体竞争力，因此，诸多信托公司只得默默遵守"刚性兑付"的潜规则，概不敢身先士卒，擅做打破"刚性兑付"的第一人。

2. 信托金融秩序的维护，需要"刚性兑付"予以夯实

在我国当前的行政主导及市场条件下，稳定信托金融秩序是监管层的首要职责。稳定金融秩序的要义，无外乎是通过完善的制度建设及其落地，规范信托公司等市场主体的行为，最大限度地实现投资者利益。众所周知，我国信托制度建设尚不完善，诸多情形下市场主体尚无具体行为准则，故此或致投资者利益受损，从而损及金融秩序的稳定。鉴于此，"刚性兑付"便有了用武之地。

（1）"刚性兑付"托底信托制度建设的缺漏

《信托法》十余年的运行实践表明，信托制度在我国的经济建设与社会发展中功不可没，其不仅使得社会财富得以迅速扩展，而且刺激了其他社会制度安排的更快成长。比如在信托实践中，因为税制安排得不尽合理，导致了信托制度难以被有效运用，因此信托制度的存在从另一个侧面引发了立法当局对我国各项税务制度的思考与改革。纵然如此，我们还是无法忽视信托制度的先天不足以及诸多问题。另外，信托制度是从西方引入的制度，在某种程度上与我国的传统法律环境及文化土壤存在诸多冲突，或说传统法律环境及文化土壤难以匹配信托制度的特殊要求。如此一来，信托制度特有的功能及作用尚未全面发挥及展现。就立法层面而言，主要体现在：①当前我国并无完备的信托行业立法，现在的《信托法》从某种意义上仅是信托私法领域的唯一法律，且其实际的适用主体更多指向的是信托公司，对其他信托机构该适用何种信托法律法规尚无具体规定落实。②即便目前的《信托法》经十余年的运行，诸多制度安排具有很强的灵活性、创造性，比如对"信托"概念的定义即与他国不同。但是，《信托法》未对"营业信托"加以全面阐述，难以解决信托实践中出现的大量问题，比如大资管时代下，各个不同领域资产管理事实，该如何界定法律法规对它的适用与规制？③同样，信托实践各种创新层出不穷，若妄想简单一部《信托法》即可涵盖未来各种信托实践创新，颇有困难，于是市场主体进行具体信托活动便缺乏具体指引及规则，在强化业务创新的今天，难免损及投资者利益，损害信托金融秩序。因此，如何协调当前信托法律法规的构架与未来信托实践的发展，已成立法当局及信托从业人员迫切需要思考的问题。

以受托人审慎义务的标准为例，全面审慎管理信托财产是受托人处理信托事务时应当遵循的基本原则。我国《信托法》第25条规定："受托人管理信托财产，必须恪尽职守，履行诚实、信用、谨慎、有效管理的义务。"若要准确判断受托人是否履行了审慎义务，就需要明确审慎义务的具体标准，然而我们难以在千变万化的信托实践中抽象出一般的行为规范，规制受托人的脱法行为，从而妥善保障受益人之正当利益。在此抽象规范规制下，市场主体（尤其是强势的信托公司）一旦出现不当行为，会对这些抽象规范做出对自己有利的解读，最大限度地维护自身利益，而投资者作为弱势一方，或许难逃利益受损的可能。因此，为平衡两者利益，以"刚性兑付"约束信托公司即成监管层之便利选择。

（2）"刚性兑付"维护投资者利益

概因信托投资门槛高、流动性不足等使得其私募性质日益强化，进而难以为公众所熟知。在过往，信托因其规模小、地位低，而不被看好或是处于金融发展的边缘地带。但实际上，近年来信托业务飞速发展，管理资产规模已明显超过保险、证券、基金等行业，中国信托业协会披露 2013 年第一季度报数据显示，信托业资产管理规模已经达到 8.73 万亿元，同比增幅高达 64.72%，在金融领域占据举足轻重的地位。另外，又因经济快速发展，国民财富不断累积，公众对财富管理的需求日益增加，进而信托业的发展呈现出一片广阔蓝海。当然，在信托业蓬勃发展的同时，也存在参与者参差不齐、理财市场混乱、管理各行其道、投资者利益受损等诸多情形。因此，以"刚性兑付"维护投资者合法利益即成选择。

3. 投资者不成熟，强化了"刚性兑付"的制度惰性

集合资金信托产品一经推出，就受到个人投资者的追捧，说明投资者对其中的风险还没有引起足够的重视。较高的预期收益率暗示，使投资者认为信托产品就是带有高回报率的储蓄替代品，而忽略了其中可能存在的风险隐患。

就集合资金信托产品而言，对投资者来说其中存在着两个

方面的风险:

一是信托合同本身的法律风险难以全面把控。①在信托实务中，信托合同等信托文件一般都是信托公司的格式化文件，投资者利益难以在其中得到充分表达与体现。②信托合同的内容丰富而繁密，投资者若无全面的学习和知识储备便难以发现其内含的陷阱或是漏洞，一旦发生风险或纠纷，其利益便有受损之虞。③投资者在博弈中的弱势地位，在其签署合同时只能选择签署与否，而不能表达自身正当诉求，其利益保护便难以真正落到实处。

二是来自集合资金信托项目本身实质商业风险。就当前信托实践而言，项目载体都是标的额相对较大的房地产项目、市政建设项目、矿产能源项目等。任何信托公司作为受托人，其专业判断能力都是有限的，一旦商业判断及运作失败，巨额损失概难承受。于此情形，信托公司可能采取两种方案，如果信托公司为维护自身市场信誉及声誉，根据信托合同约定按期向投资者兑付预期收益，那么，信托公司的资金链可能会面临严峻考验；如果信托公司的流动资金或自有资金无法完全赔付该笔庞大资金，那么信托公司就有可能成立其他信托项目来弥补这个窟窿。

因投资者投资理念、风险意识的缺失，对于上述风险或难以全面发现，一旦产品出险，误以为"刚性兑付"能予弥补，故而"刚性兑付"的"安全垫"作用在投资者界内愈发厚重，久而久之"刚性兑付"便产生制度惰性，更难改变。

4. 信托产品流通机制的缺失，需要"刚性兑付"予以填补

信托合同得以成立，其首要因素乃是其能够满足投资者的流动性要求。金融产品若无流动性便失去了生命力，恰如血液循环之于人体，无此，便难有流通市场；当然，金融产品的投资者价值，也包括收益性与风险性。但是，最为重要的还是流动性，若无流动性，收益性便难以实现，风险性便难以评价。不同金融产品，其流动性各不相同，比如证券的流通一般是通过贴现、赎回、承兑、交易等方式实现，且公开与集中交易尤为重要。但是，对信托产品而言，该等流通手段都是一片空白。

现阶段，我国信托产品的流通受"一法三规"的严格限制，无法满足投资者日益增长的转让需求。根据中国人民银行的相关规定，"信托公司不得发行债券，不得以发行委托投资凭证、代理投资凭证、受益凭证、有价证券代保管单和其他方式筹集资金"，这意味着现有的信托受益权只能以信托合同而不是信托受益凭证的方式成立。

从《信托公司集合资金信托计划管理办法》第 5 条、第 6 条、第 8 条、第 29 条等条款可以看出，纵然信托产品可以转让，但是，因为对投资者人数的限制，使得其转让时受让者稀少；对信托产品销售宣传的限制，使得受让者难以知悉；投资门槛较高，使得合格受让者更是匮乏；对转让方式限制为转让信托单位，使得流通方式单一，如此一来，信托产品之流动性就大打折扣，远不如其他金融产品。于此情形，一旦其投资者所购产品收益有难以实现之虞，市场又无健全及便利之流通机制，其利益必定受损，甚至"血本无归"；尤其对集合信托计划而言，投资者众多，金额巨大，或致群体性事件，此等情形非监管层所乐见，故只得以"刚性兑付"适度填补信托产品流通机制之缺位。

（二）"刚性兑付"的不良影响颇值关注

1. 扭曲了理财业务的基本规则

"刚性兑付"使理财市场上"投资者风险自负"的规则成为软约束，与信托基本原理相悖，扭曲了投资者和管理者之间的关系。理财业务的理念核心为"买者自负，卖者有责，信息披露"，其中，监管部门负责制定相关规则秩序对金融市场进行依法监督，管理者负责尽职管理，为受益人谋取经济效益，而投资者负责前期的产品筛选和最后的风险承担。在"刚性兑付"监管背景下，不光是投资者，整个信托行业的各方参与者往往都忽视了投资者对风险的认购。社会的进步、经济的发展都需要承担风险，因为"刚性兑付"的加持，投资者在信托项目的选择上，往往不是以风险收益系数为首要考量因素，而是更加重视项目的存续期限和预期收益率，风险承担也很有默契地从买者转移给了信托公司和行业。值得关注的是，"刚性兑付"的破冰并不必然意味着血本无归，只是预期收益不能实现，或不能按期实现。因此，投资者不必过于恐慌。相反，顺应市场规则，监管者、投资者和管理者各就各位，发挥好各自的职责功能，更有利于信托制度优势的全面实现，也更有利于投资者获得更加专业且更加符合自身需求的理财服务。

2. 或致投资者利益受损

信托公司的最大优势在于灵活的制度优势，其投资范围宽广、资金运用方式灵活，使得信托公司和投资者均有较大的选择权。在"刚性兑付"引导下，无论是股权、债权，还是物权投资产品，多数在交易文件中列示了回购条款，这就意味着投资收益是固定的。按照信托相关法律法规，信托公司的收入一般只能是通过信托报酬和业绩报酬体现，但是信托公司因"刚性兑付"而对信托产品形成的隐性担保则要求采取更多的手段来规避风险，如此一来，信托公司便会产生获得高于信托报酬及业绩报酬的超额收益的驱动，从而有控制或损害投资者利益的可能，将投资者的部分收益作为自身收益来源，进而以此为其"刚性兑付"成本"埋单"。于此情形，投资者利益便是白白受损。

3. 削弱信托制度优势

商业银行发放的信贷资金是纯债权的性质，风险控制手段集中于抵押和担保，无法持有或阶段性持有股权、投资附带期权等。信托公司有金融行业的"轻骑兵"之称，是境内唯一可以跨货币市场、资本市场和实业领域的金融机构。信托平台可以集成所有的金融工具，包括股权、债权、股债混合、可转换股权、可转换债权等。以房地产信托为例，信托公司就创设了股权附带回购或回购权利、特定资产收益权、信托计划，作为有限合伙人等灵活的资金运用形式，在满足了融资方需求的同时，更深入融资企业内部，资金运用手段更先进，风险控制措施更充分多样。信托具备控制更大风险的能力，顺其自然地获取了较高的投资收益。

但是因"刚性兑付"的承诺，信托公司事实上对融资方进行了连带担保，这也反过来推高了融资方的融资成本。不过，随着利率市场化进程的推进，企业将有更多融资途径可供选择，可以接受的融资成本必然会降低，信托公司唯一可以同时投资于货币市场、资本市场和产业市场金融机构的制度优势可能不复存在。

4. 导致"劣币驱逐良币"

由于融资费用在信托行业的普遍存在，信托公司逐渐沦为资金需求方的融资平台。按照常理，质量较好的项目本来应该比质量较差的项目更受投资者青睐，但实际上，由于"刚性兑付"的存在，投资者在选择信托产品时对产品期限及预期收益率会更加关注，对信托产品以及其背后项目质量的情况反而会比较忽视。在这种情况下，往往质量越差但收益越高的信托产品越受投资者欢迎，而信托公司为吸引投资者就可能优先选择收益较高的项目，质量好但收益相对较低的信托产品反而受到冷落，这种情况实际上已经在一定程度上导致信托市场产生"劣币驱逐良币"的严重后果，而这无疑会最终损害投资者利益及信托业的健康发展。

5. 破坏政策传导机制

我国许多行业受宏观调控影响较大，政策有如下传导机制：若政府要加大对某个行业或领域的调控力度，就会出台一系列法规、政策，从而增大在该行业或领域投资的风险，减少该行业及领域的投资机会，降低该行业及领域的投资收益；相反，若要扶持及支持某个行业或领域的发展，则会出台系列财政、税收、信贷优惠政策，投资者在该行业或领域的投资则会增加。信托融资从本质上来说是一种直接融资，与间接融资中金融机构承担的投资风险不同，信托融资风险实际上是由出资人直接承担。银行存贷作为间接融资，存款人无法控制信贷资金的具体流向，从而对政策反应较为缓慢及迟钝；而在信托业

务中，委托人决定是否投资，因此对政策的反应更加敏捷。但是，在"刚性兑付"的指引下，投资者往往忽视政策风险、项目风险、操作风险等各类风险，从而使得政策传导机制大受破坏。

二 多管齐下，破解"刚性兑付"困局

（一）投资者必须理性看待"刚性兑付"

1."刚性兑付"并非信托产品投资的护身符

"收益越高，风险越高"，这是从事任何投资行为都不能避免的规律。从前文论述可知，信托公司从其长远发展、监管机构从维护金融秩序出发，均在强调及维护"刚性兑付"这一潜规则的执行。然而我们应知晓该潜规则仅仅是我国当前金融制度尤其是信托制度不健全条件下的特定产物，其不仅没有法律依据，而且与法律规定相悖。因此，信托产品风险的"买者自负"原则实为一项强制性法律原则，信托当事人任何一方也不得以约定加以排除。投资信托产品与从事其他投资一样，均会面临信用风险、预期收益率风险、流动性风险、利率和货币政策风险、产业结构风险等诸多风险。

以中诚信托 30 亿元矿产信托兑付风险案件、中信信托三峡全通项目风险安案件、天津信托天信一号项目风险案件等为例，虽然监管层、信托公司、融资主体等通过综合各种渠道最终使得投资者收回了投资本金及收益，但是投资者不能因此认定信托公司对信托产品负有"刚性兑付"的法律义务。恰恰

相反，当个别信托产品发生兑付风险时，监管机构要求信托公司采取各种措施处理兑付风险，信托公司采取有效手段解决兑付风险，其本义是要求信托公司履行受托的审慎管理义务与职责，而非真正对其套上"刚性兑付"的义务。因此，"在信托产品的制度安排上根本不存在刚性兑付，刚性兑付纯属假想的风险传导机制，将监管部门和信托公司处置个案信托产品风险事件的努力与成效解读为刚性兑付，是对监管部门、信托公司、信托制度的误读，也是投资者对信托业的重大误解"。①

2. 正确理解信托公司信托义务与"刚性兑付"的关系

信托产品是否出现兑付风险，与信托公司是否切实全面履行信托义务密切相关。在信托法律关系中，信托公司是最为核心，也是最为重要的当事人，信托义务的性质和内容自然也就是由信托公司在信托法律关系的地位决定的。一般认为，信托公司信托义务的内容就其义务行为的具体方式而言，包括作为和不作为两种状态，其中作为义务是指信托公司作为受托人，为了受益人的正当利益或特殊经营目的，应当以法律或合同为一定行为的法律约束；不作为义务是指信托公司作为受托人，为了受益人的正当利益或特殊经营目的，不得以法律或合同为一定行为的法律约束。

依据《信托法》第25条以及第28条等的规定，在信托法律关系中，信托公司负有包括禁止自我交易行为在内的忠实义务、谨慎义务、亲自管理义务、分别管理义务、信息披露及保

---

① 《周小明：信托产品制度安排上根本不存在刚性兑付》，《中国证券报》2012年12月31日。

守秘密义务。

投资者与信托公司一旦签订信托合同，双方即成为信托法律关系主体，对信托公司而言，其就必须为了投资者利益，按照合同约定及信托目的，全面履行上述信托义务。然而，因为市场、政策、项目运行等情况千变万化，即便信托公司全面履行了其信托义务，仍有可能出现信托产品的兑付风险；于此情形，如前所述，就法理而言，信托公司并不负有所谓"刚性兑付"的义务，这些兑付风险实为应由投资者自行负担的投资风险。因此，风险处置机制便演变为："首先是信托公司不得违规以固有财产与信托财产进行交易，对风险进行'兜底'；其次是在无法有效处置信托产品风险时，即应启动责任区分机制，通过司法程序或谈判机制区分信托公司责任，信托公司对风险负有责任的由其负责赔偿，不负有责任的兑付风险由投资者自行承担，由此将信托公司的赔偿责任与刚性兑付严格区别；再次是监管部门应审慎对待出现信托产品兑付风险的信托公司，对于已经全面履行信托义务的信托公司，不得因发生了风险事件而采取限制性监管措施，从而保障信托业的有序发展。"[①]

（二）多管齐下，逐步破解"刚性兑付"困局

1. 监管层：让调节型监管切实落地

信托业监管的目的是防范及控制信托业风险的无限扩大及

---

① 周小明：《信托公司是否负有"刚性兑付"义务》，《当代金融家》2012 年第 8 期，第 139～140 页。

扩展，以此维护金融秩序的稳定，保障金融制度的稳健运行。在不同时代背景下，有不同的监管理念及制度模式。调节型监管是在统制型监管和放任型监管之后，被归纳总结提出的监管模式，特别是对应统制型监管提出的，就世界各国的信托实践及理论研究而言，调节型监管或更适合当前信托业发展的前景，更顺应信托业前进的潮流。调节型监管与统制型监管的主要区别大致如下：①就机制基础而言，前者侧重于市场机制的调整作用，后者侧重于政府的行政管理运行；②就价值取向而言，前者以国家或政府的行政利益为本位，体现了"国家主义"的价值取向；后者以社会公共利益为本位，体现了"社会本位"的价值取向；③就调节手段而言，前者以行政干预命令为主要手段，后者以规范和引导为主要手段。

如前所述，"刚性兑付"既无法理支撑，也与市场规律相悖；然而，信托实践中一旦出现产品或难兑付情形，监管层就会对相关产品发行公司予以"窗口指导"，要求发行公司"刚性兑付"，此等情形并不鲜见，其存在颇有统制型监管的浓厚色彩，产生了诸多不良影响。因此，监管层必须着眼长远，通过理念全面更新、制度统和构建，让调节型监管切实落地。

调节型监管下的制度优势及特点或许更能有效解决"刚性兑付"产生的问题。

（1）注重市场机制的功能发挥

市场的作用，不仅仅体现在让信托投资的专业知识成为公共知识，更为重要的是，信托信息及资讯得以在市场充分流动，让社会公众更多及更深入地知悉（比如诸多信托信息与资讯传播机构就成了使信托专业投资知识走向公共知识的通道，如用益信托工作室、智信资产管理研究院等），从而更多地发挥市场个体及主体的作用，使信托市场缺陷逐步得以被缩小、克服，市场机制的功能得以正常恢复及发挥。由此，公权干预的可能性越来越小，直至其身影在信托市场逐步退却，从而培育一个真正让投资者、信托公司有力发声、有场竞技的信托市场。当然，信托业监管的作用应当局限于市场调节机制难以发挥其作用的场域，除此之外，监管当局不得随意介入，以免阻碍市场机制作用的切实发挥。

（2）秉持社会利益本位

信托业监管涉及方方面面，监管机构作为公共权力的行使主体，代表着国家机关利益，同样还有信托公司、融资主体、投资者等各个参与方，其利益取向与要求各不相同。因此，信托业监管的本位就不能只照顾一方之利，而应以社会公共利益为本位，相关制度设计既要约束监管机构行政利益最大化的趋势，同样又要避免不同的市场主体为一己之私而被监管当局所俘虏。当然，信托业监管要平衡各个参与方之利益诉求，真正使得社会本位落地，就离不开具体规则的整体架构，由此才得以使社会本位到实处。

（3）以规范竞争和引导促进为调控手段

信托业监管亦应从公平和效率出发，以规范竞争和引导促进为主要调节手段。在英美等信托制度发达及信托历史悠久的国家，一般而言均以规范信托市场竞争秩序、保护投资利益为监管重点，以此为信托业务创新与发展提供良好的市场环境。以我国金融市场当前大资管时代到来为例，不仅信托领域资产管理生机勃勃，而且银行、证券、保险、基金等领域资产管理业务也有声有色，于此情形下，信托业监管就需要更新其理念与手段，从而真正使得不同的资产管理业务有法可依、有序竞争。①

先有良好的立法理念，后有良好的具体制度设计。如果要将调节型监管作为一种全新的立法理念全面贯彻于信托业监管制度中，我们则需考察其作用基点、规范特征、和监管体制，前述三者就是在调节型理念下做如下落实。

（1）维权性监管目标是调节型监管的出发点

信托业监管维权有其特殊的价值和任务，即信托业监管应以保护投资者利益为出发点，否则就会偏离调节型监管的最终目的。因此，需要完善保护投资者利益相关的法律法规，从而维护信托金融秩序的稳定，促进信托金融功能的稳健发挥。具体而言，主要体现在如下几个方面。

第一，内部控制制度。外部监管需要内部控制的有效落实与配合方能达到其监管目标，否则即是缘木求鱼，毫无效果。鉴于信托业务的专业性、信托项目运行管理参与方的单向性，一方面需要健全和优化信托公司治理结构，建立独立和专门的合规风险管理部、稽核部等；另一方面也要加强信托公司内部的风险隔离机制、信息运行系统风险控制机制、业务财务追踪机制等方面的建设。有效的内控机制是真正保护投资者利益的有效措施，故需要从细处着眼，加以完善落实。

第二，信息披露制度。良好的信息披露制度是保障投资者知情权、实现信息对称的重要手段。但是，当前我国信托经营

---

① 李勇：《信托业监管法律问题研究》，中国财政经济出版社，2008，第 57~58 页。

者信息披露制度尚不完善：①披露的内容过于简单，甚至是流于形式；②对项目运行的核心风险揭示不足，导致发生兑付风险前投资者难以寻得有效线索信息；③对于信息披露不健全者，缺乏适当和有力的惩罚规定。健全的信息披露制度是保护投资者利益的有效手段，但其作用的发挥必须对信托经营者设置严苛的责任追求机制。

第三，信托经理人尽职监管制度。尽职监管是防范信托经理人道德风险、促使其全面履行审慎管理义务的必要条件。信托业务均由信托经理人具体操持，若无尽职监管，则难以在源头上发现、控制信托业务风险并保护投资者利益。因此，尽职监管应结合一般金融业职业道德和信托业受托人谨慎投资义务，建立信托经理人执业资格审核制度，其内容主要包括：建立信托经理人执业考试制度；结合信托业务实践建立信托经理人的诚信档案，实行资信累积；建立信托经理人风险偿付基金；等等。此外，健全的信托资金托管制度和关联交易监管制度也是维护投资人权利的重要制度。

（2）引促性监管方式是调节型监管的规范特点

引促性规范和规制性规范是调节型信托业监管的两类重要规范。前者的功能侧重于信托业效率的提升，为业务创新留足空间；后者的功能侧重于信托业秩序的稳定，为业务创新创造环境。调节型监管应当以引导促进为其规范特征。引促性监管方式主要表现在以下四个方面。

第一，任意性规范及倡导性规范被大量引入，从而真正尊重市场参与主体的意思自治，最大限度地发挥其能动性、创造力，尊重其自主权、协商权。当然，引促性监管也会实行强制性规范、任意性规范和倡导性规范相结合，尤其注重倡导性规范的运用。

第二，引促性监管方式注重全流程的服务、监督指导。信托业监管对信托机构的市场准入、投资范围、法律责任、监管措施等设置严苛要求及限制，体现更多的"父权主义"束缚与惩戒，但忽视了服务与信息提供。引促性监管则侧重于为信托业发展提供丰富信息与指导，对信托营业机构业务进行评估、督导，对可能存在的行业风险、项目风险进行预警，对信托营业机构推出信托市场予以依法管理，等等。概言之，引促性监管注重对信托业全过程、全方位的服务与信息供给。

第三，建立稳定及可预见的系统性规范体系是引促性监管的要求。针对不同机构的不同问题，应当设置不同的规则予以指导，真正"具体问题具体分析"，同时制定规则时应当做到科学民主，最大限度地听取不同利益方的意见，在规则制定方面做到公开、透明、高效。

第四，适应创新业务是引促性监管的最终落脚点，即最大限度地允许及鼓励信托机构创新，无论是在业务运作，还是在制度建设等各个方面。同时将创新能力作为评价信托机构发展潜质和内涵的重要指标。当然，引促性监管的最大意义与价值是为信托业务创新架设良好的规则体系、制度环境、信息来源。

（3）功能性监管组织是调节型监管的体制选择

所谓功能性金融监管，是指依据金融体系基本功能而设计的监管。功能性金融监管概念由哈佛商学院罗伯特·默顿最先提出。较传统的金融监管，如机构监管，它能够实施跨产品、

跨机构、跨市场的协调，且更具连续性和一致性。

功能监管优点主要有三方面：①功能性金融监管关注的是金融产品所实现的基本功能，并以此为依据确定相应的监管机构和监管规则，从而能有效地解决混业经营条件下金融创新产品的监管归属问题，避免监管"真空"和多重监管现象的出现。②功能性金融监管针对混业经营下金融业务交叉现象层出不穷的趋势，强调要实施跨产品、跨机构、跨市场的监管，主张设立一个统一的监管机构来对金融业实施整体监管，这样可使监管机构的注意力不只限于各行业内部的金融风险。③金融产品所实现的基本功能具有较强的稳定性，使得据此设计的监管体制和监管规则更具连续性和一致性，能够更好地适应金融业在今后发展中可能出现的各种新情况，① 用统一的尺度来管理各类金融机构的经营行为，创造公平竞争的市场环境。

当前，我国金融市场中对信托业务的规范可谓政出多门、多有冲突，同样性质的业务因其所属监管机构不同而适用于不同的规范、监管措施，比如银行理财实为信托关系，却不得用《信托法》予以规范，等等。究其原因，是信托业独立行业地位的缺失以及信托监管权力配置的不当等；而功能性监管恰恰可以解决这些问题：一是确定信托业独立的地位；二是为信托业配置完整清晰的监管权力。

因此，功能性监管的理念对统一信托业监管的规范，进而

<hr />

① 王自力：《对功能监管几个基本问题的认识》，中国金融四十人论坛，http：//www. cf40. org. cn/plus/view. php？ aid＝490。

形成统一的监管机构具有重要作用。

2. 信托公司：制度建设是关键

监管层对"刚性兑付"的倚重与依赖，从某种意义上来说就是对产品发行公司的忽视与不信任。因此，若要治理"刚性兑付"的市场乱象，需从以下方面完善信托公司市场机制的建设。

（1）建立股权制衡机制，规范控股股东行为

股权过分集中，带来的可能是决策的武断及失误。当前我国信托公司一股独大的情况大量存在，从而使得小股东利益表达机会较少，同时也缺乏对大股东的制衡机制，如此一来，难免造成利益冲突或治理僵局。针对这一情形，应该鼓励信托公司根据实际情况，引进境内外战略投资者，实现股权结构多元化，完善公司的治理结构，规范大股东行为。在监管实践中，监管机构对关联交易、内部交易等事项必须严加监管，且监管时应注重实质而非形式。

（2）注重发挥独立董事和董事会专业委员的作用

当前我国的诸多信托机构董事会下设不同的专业委员会，如风险管理委员会、信托委员会、薪酬和提名委员会等，通过各专业委员会对信托公司实施有效治理和科学管理。信托公司建立严格规范的董事选任和退出机制，董事必须具备履职应有的知识和素质，并经监管机构资格审查。法律应建立完善的独立董事选任制度、独立董事责任机制、薪酬机制与激励机制，规定董事会中独立董事与非独立董事的人员比例。法律促进独立董事作用发挥的一个更重要的方面是建立对尽责独立董事的保护机制。

（3）完善公司内部控制体系

信托公司若无良好的内部控制机制，极有可能导致管理真空，这一真空是难以被个体发现的，一旦业务出现风险，便难有责任承担者。因此，要构建完善的内部控制组织架构，健全风险控制管理体系，探索符合信托公司特点的风险识别和拨备提取制度，建立内部动态风险预警控制体系，真正落实信托业务风险的全面管理，而非仅仅停留于过程控制或是环节审批。唯有通过有效高效的内部控制体系，才能切实实现风险的全面管理。

（4）完善受益人大会制度

受益人大会是保护投资者利益的重要制度设计。当前诸多的信托机构尚未建立财富中心，其产品多被银行或第三方理财机构代理推介，由此而来的不良情形是：受托人就信托计划有关事项召开受益人大会时，某些受益人所表达的反对意见可能难以及时反馈至信托机构，因信托机构并未真正掌握受益人信息，由此受益人的表决权和利益就会受损。要切实防范受托人因信息不对称而导致的道德风险，就需要建立和完善受益人大会制度，充分发挥受益人在信托财产运营过程的监督作用，对受托人的投资行为进行有效的监督约束。

3. 完善市场约束的外部环境

信托业外部市场环境包括信托公司的公司文化建设、信托行业自律管理、投资者对信托业的认知程度以及风险承受能力等，良好的外部环境，是破解"刚性兑付"困局不可缺少的"软条件"，不得不察。

第一，对信托法律知识进行普及，增强投资者对信托产品的了解。若无专业的投资者,信托行业的风险便会无形中扩大。监管部门规定信托产品销售不得进行公开宣传,该等规定从某种意义上是画蛇添足,阻碍了信托知识的传播,不利于成熟投资者的培养;信托的私募性,不应以此作为注脚,而应注重对信托投资项目实质风险的判断,而由信托经营机构设置不同的风险处理措施及产品投资要求。

第二,如股票市场一般,加大"信托有风险,购买需谨慎"宣传,培育"买者自负"的投资意识。信托产品面临各种各样的风险,如法律风险、信用风险、管理风险、项目风险、经营风险、市场风险。投资者在认购信托产品前,应当对该等风险全面了解,不应盲目或是草率签署合同。当信托公司违背信托计划文件、处理信托事务不当而造成信托财产损失时,信托公司才需要以固有财产赔偿;信托公司固有资产不足赔偿时,损失仍然要由投资者自担。投资者应当具备承担风险的能力和意识,否则不应当草率进入信托市场。

第三,行业自律组织的作用要充分发挥。中国信托业协会作为我国信托业的自律性组织,应当在约束会员行为方面发挥更大作用,包括发布业务指引、规范要求,提供丰富信息、风险预警等,并应当制定行业自律要求和标准,协调行业纠纷,促进有序竞争和稳定发展。

4. 建立有效的信托产品流通机制

破解"刚性兑付"困局,建立有效的信托产品流通机制必不可少;同时,只有改善信托产品的流动性,我国信托业才能真正脱离当前的尴尬局面,再掀新篇。金融产品的创新,从

某种程度来说，就是规避各种法律法规限制的结果，在我国信托产品流动性严重不足、信托法律法规管制过于严格的环境下，信托市场上的各类参与主体从未停止过改善信托产品流通性的创新步伐。目前，对增强信托产品流通性的尝试主要有以下几个模式。

一是柜台转让模式。该种模式已有信托公司在实践，但操作上存在较多问题及困难，确实难以满足投资者对信托产品流通性的巨大需求。

二是多期信托计划模式。该模式的方法简单易行，可以降低投资门槛，但因参与者的增多，也会放大风险传递，而在中国当前的金融市场环境下，降低投资者的投资风险，维护金融秩序的稳定无疑极为重要。

三是质押贷款模式。在这种模式中，信托公司引入商业银行，通过为信托受益权办理质押贷款来增强信托产品的流通性。信托受益权可否质押，法律并无明文规定，因法律瑕疵而导致该种模式存在问题，难以有效推广。

四是做市商模式。在此模式下，原有信托产品的投资者可以通过做市商将产品转让出去获得现金，想要购买信托产品的投资者可以通过购买做市商手中的信托产品成为新的投资者，但该模式缺陷也多。

五是信证通模式。各个信托公司通过在营业部或公司网站上提供转让信息，由交易双方自主洽谈成交，这是降低潜在交易客户的搜寻成本、促进信托产品流通的一个重要手段。但是该模式的使用范围有限，且信息难以有效传递，效果不甚良好。

从以上信托产品的流通模式可以看出，其都是在现有的规则制度下进行的有限度的尝试，因此难有良好效果，其未能从根本上解决信托产品流通性问题。随着信托产品发行规模的不断扩大，其流动性要求同样会越来越高，解决该等问题仍是信托业良性健康发展的必然要求。如果要从根本上解决信托产品流通性问题，必须要从制度上进行创新，如此方能为"刚性兑付"的破解寻得一个透亮的出口。

第一，确定信托受益证书（合同）有价证券的法律地位。《信托法》对信托受益权证书的法律性质未有定论，因此，应尽快修改《信托法》，明确信托受益证书有价证券的法律性质和地位，并后续出台具体操作规程，细化各类规定。

第二，修改《资金信托管理暂行办法》《信托公司集合资金信托计划管理办法》等信托法规，取消最高200份的限制，并允许信托合同被分割转让流通。禁止分割转让于理无据，须予改变，由此扩大受让者范围及潜在人数，为增强信托产品的流动性创造条件。

第三，加强信托产品体系化、标准化工作。标准化工作是提高信托业效率的有效手段，由中国信托业协会负责制定和推行集合类信托产品的标准化工作，包括标准化的信托合同、信托计划、权益证书以及信息披露制度等，以便增强流通效率。

第四，建立与完善信托产品信息信用评级体系和信息披露机制。如果信托产品能通过标准化的风险评级流程和风险指标体系获得标准化的评级，产品信息将变得透明化、阳光化，由此缩减交易成本，提高交易效率。

三　后"刚性兑付"时代：细处着眼，化解风险

"刚性兑付"，究其实质是防范及处置信托投资风险。如前所述，我们已知"刚性兑付"潜规则产生及其维持的原因、后果，并结合信托活动参与方提出了大致的破解之策。但是，在当前的监管体制建设、信托公司治理水平、投资者风险意识等条件下，该破解之策完全落实、落地，阻碍颇多，尚需时日。若从以下细节着手，或能更好地解决"刚性兑付"所欲解决的问题。

（一）明确信托受托人的谨慎投资义务，最大限度降低产品风险

目前，我国法律中有关受托人谨慎投资义务的方面仍然存在较多问题。

其一，对于受托人谨慎投资义务到底是什么，相关法律规定过于简单、抽象，缺乏具体可行的操作准则。任何法律规范必须具备行为模式、后果及责任，否则难以落到实处。

其二，有关受托人谨慎投资的法律规定尚未形成体系，仅仅散见于信托、证券投资或者基金管理的有关法律法规中，且多有冲突，更未与现代投资组合理论建立起良好的对接。

其三，对受托人违反谨慎投资义务行为后将承担何种后果，相关法律规定不尽合理。比如《信托法》在受托人转委

托的权限和条件方面，要求受托人对委托代理人的行为负责，这意味着受托人受到了更为严格的限制，不利于受托人为了受益人利益最大限度地处理信托事务。

有鉴于此，应当从以下几个方面改进有关受托人谨慎投资义务法律规范的不足，从而最大限度地缩小信托投资之风险来源。

第一，整合与完善法律规范。一是宏观上确立受托人的谨慎投资义务，由此确立一项基本原则；二是在微观上落实谨慎投资义务的具体内容和要求，使得该等义务真正具备可操作性，而不仅仅是大而不当的规定。

第二，保障受托人及受益人合法及合理利益，需要完善受托人谨慎投资义务。若受托人的任何行为均有可能导致责任承担，则其最后的结果就是不作为，从而导致受益人利益受损。因此，在做出投资策略进行投资行为的过程中，受托人只要尽到了谨慎投资义务，就可以对因此而导致的信托财产的损失免责，如此可保障受托人更好地履行义务。

第三，规定与谨慎投资义务相对应的法律责任追究体制。良好与有效的责任追究机制，是各项法律义务得以具体有效落实的基础条件，否则极有可能沦为形式，毫无约束作用。比如，损害赔偿责任、恢复原状等责任承担方式应当适当匹配于不同的具体谨慎投资义务。

（二）树立组合投资理念，切实防范信托产品投资风险

投资理财是投资者确定自己投资目标，审视自身投资组合状况及承受能力，调整资产分配和投资情况，以达到个人资产

资产管理蓝皮书

收益最大化的审慎分析、决策及执行的过程。投资者若要投资合适的信托产品，第一步要做的是审慎评估自身的投资组合状况，只有在完全了解了自身投资组合状况的前提下，才能做出正确的投资研判从而获得预期收益率，否则很有可能因为对自身资产状况分析不够而做出错误甚至失败的投资决策，从而遭受投资损失。

金融市场的日益发展为投资者提供了越来越多的投资理财产品，如股票、债券、基金、信托、保险、黄金等，不一而足，且每种投资工具的投资周期、投资金额、流动性、风险性、收益性皆有不同。当前绝大多数投资者会投资多种理财工具，各种投资工具因其风险性、收益率、流动性及投资周期的不同及错配交织，构成了投资者的投资组合。评估投资组合的最重要目的是有针对性地找出问题所在并对投资组合予以调整，以增强投资组合的合理性与盈利性。评估自身的投资组合状况时应注意以下几个方面。

第一，符合要求。资产分配是投资组合中最为关键的要素，不同的资产分配可能会导致不同的投资收益，因此投资者应当具体了解投资组合中各类资产的比例是否符合自身的特定要求，比如组合中黄金、现金、信托、债券的比例、数量、投向等，唯有符合自身要求的投资组合才是值得拥有的。

第二，分布情况。投资组合中各类资产的比例是评估其属性的基础，正确掌握各类资产的比例，然后结合其运行情况，判断各类资产的属性、性质，看其如何分布在不同的行业、领域、企业等，即要求做到分散投资，以应对不同的投资风险。

260

第三，内部组成。在详细评估投资组合内各类资产的比例、分布、行业后，应当深入了解各个具体资产的变动情况，比如信托产品投向的企业经营情况、信托经营机构的信息发布情况等，及时跟进了解各个具体产品的动态及内部组成，应对不同的风险变换。

第四，投资表现。投资者拥有的资产是一定的，在一定数量资产前提下，不同的组合会有不同的投资收益表现，因此，投资者应持续评估不同投资组合内各个不同资产的投资表现。在评估投资组合各类资产的投资表现时，不应集中于短期回报，而应将投资组合中某类特定资产与其同类型的资产做比较，以便确定过去几年该类资产的投资表现。

第五，调整组合。完成评估后，则应当适时调整投资组合，使其逐步符合自己的投资预期与构想。

总之，审慎评估自身的投资组合状况，为的是发现投资组合存在的问题、风险及潜在缺陷，如此方能在投资信托产品时做到有的放矢，从而更好地提升投资决策的正确度及投资的安全性，如此一来，即可降低对"刚性兑付"的依赖。

（三）前瞻性思考：建立信托风险缓冲基金，处置不能兑付问题

制度不是万能的，即便坚持"刚性兑付"潜规则不动摇，或是采取前述措施竭力破解"刚性兑付"困局，但因市场千变万化，仍有信托产品不能如期兑付。至此，我们便可从另一个角度对"刚性兑付"予以前瞻性思考，即建立信托风险缓冲基金，以便在信托产品不能兑付时有一个缓冲机制。

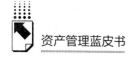

信托风险缓冲基金是专门用于收购到期不能及时兑付的信托受益权的投资基金，即先由缓冲基金把信托风险承担下来，再对风险资产进行管理和处置，从而达到风险缓冲的目的，避免因为信托产品到期不能兑付产生的信托当事人之间的矛盾。信托风险缓冲基金是完全按照《证券投资基金管理办法》的规定设立和运作，以盈利为目的的具有投资价值的标准市场基金，是一种利益共享、风险共担的集合证券投资基金，即通过发行基金单位，集中广大投资者的资金，由基金托管人托管，由基金管理人管理和运用资金，专门从事收购信托风险资产投资的专项基金，其操作过程完全是市场化的过程。①

通过设立信托风险缓冲基金，信托产品的风险将得到大大缓冲，且优势明显，具体体现为以下几点。

一是可公开募集，规模庞大。因可在社会上公开募集，信托基金管理公司管理的风险缓冲基金规模将会相当巨大，其可跟进市场情况快速收购存在兑付风险的信托产品。

二是避免道德风险发生。第一，因为该机制是完全市场化运作，可通过有效的交易结构设计规避道德风险，比如治理结构、表决程序、评价过程、评级机制的建立与完善；第二，必须设立约束与惩罚机制，对加入该基金的发生信托产品兑付风险的信托公司予以处理，从而提升其风险管理意识，提高其信托产品兑付风险发生成本。

三是不存在法律政策障碍。任何一种信托业风险缓冲机制

---

① 李仲仕：《我国信托业风险缓冲机制研究》，苏州大学硕士学位论文，2006。

的设立，都必须以不存在现行法律障碍为前提。在现行的法规制度下，该缓冲基金完全按照市场化操作，以公平合理的价格对信托产品进行收购。当然，其顺利运作有赖于各个信托公司的配合与支持，同时需要中国信托业协会发挥协调作用，从而提高该缓冲基金的运作效率。

四是风险缓冲机制覆盖范围宽广。第一，任何信托公司只要申请即可加入该缓冲基金，成为其会员，一旦其产品发生风险，在满足一定条件的前提下即可要求该基金收购；第二，作为专门针对发生"兑付风险"的信托产品而设的基金，其具备了专业性，且不存在交易对手选择上的歧视性，因而对整个信托行业而言，都是居功至伟。

五是真正实现风险缓冲目的。风险缓冲基金收购存在兑付风险的产品，并向投资者兑付信托利益后，将对该信托产品予以处置，如处置该产品相关之项目、抵质押物等，再将所得收益分配给社会投资者，而这样的社会投资数额是巨大的，其风险承担能力更强，信托产品投资者承担的风险得以分散和转移，从而大大降低信托风险。

信托行业规模增长迅速，风险却不断暴露。尽管当前信托业所暴露出的风险仍是个别风险，行业整体风险依然可控，但我们亦须正视近期信托行业已经发生或潜在的信托产品兑付风险案件。这些事件的发生给各个信托公司如何防范、预警、控制风险并加以妥善处理敲响了警钟——信托信托，"信"字当头，一旦发生产品不能兑付事件，损失的将不仅仅是投资者的利益，更有信托公司本身的市场信用。当然，更需要防止个别风险扩散为系统风险。

　　总之,"刚性兑付"的实质在于确保信托公司履行受托人的尽职管理职责,而非真正确保信托产品的"刚性兑付"。"刚性兑付"困局的破解,非一朝一夕之功,需要信托市场各参与方的耐心,更需要制度建设的智慧,以及制度试水的勇气。

B.12
我国公益信托模式及实践中遇到的问题和建议

胡学成[*]

摘 要：

随着国内经济快速发展和贫富分化现象加剧，富人阶层的慈善意愿近年来日益受到社会关注。以明显制度优势成为国外慈善事业主要载体的公益信托，对国内具有借鉴意义。但是，由于公益信托在我国属于新生事物，社会认知程度尚不够高，且相关法规制度不够完善。信托公司在开展公益信托过程中遇到一些需在制度层面解决的问题，本文从国家宣传、监管制度、相关税收政策和法律等角度提出了解决建议。

关键词：

公益信托 慈善 政策依据

一 公益信托设立的背景

（一）中国经济快速发展，贫富分化现象加剧

根据国家统计局与国际货币基金组织（IMF）公布的数

---

* 胡学成，陆家嘴信托有限责任公司产品总监。

据，2011 年中国 GDP 排全球第 2 位，为 47.1564 万亿元，而 2011 年中国人均 GDP 为 5414 美元，排世界第 89 位。目前国内贫富分化问题较严重，出现了一个人数和财富都非常可观的富人群体。在中国大陆贫富分化加剧的同时，中国大陆富人阶层的慈善意愿受到了社会公众越来越多的关注。

（二）国内慈善事业较发达国家仍处于初级阶段

过去几十年来，国内慈善事业从无到有逐渐发展。根据《中国慈善会发展报告》，截至 2012 年 6 月，全国共有县级以上慈善会 1923 家。统计显示，2011 年度中国捐赠总量出现了明显下滑，845 亿元的捐赠总量较 2010 年的 1032 亿元下降约 18.1%。从占比上来看，我国公益资金占比不到国内 GDP 的 0.1%，而在美国公益资金占到了 GDP 的 2%。与发达国家相比，我国慈善事业发展仍然处于比较初级的阶段。

（三）公益信托作为国外公益事业的重要载体，对我国具有借鉴意义

从国内外的实践来看，开展公益活动的形式多种多样。当前，我国的公益慈善事业主要是通过基金会等非营利组织实现的。而在国外，公益信托以其设立便捷、运作灵活、监督机制完善等特点，受到很多捐赠人的青睐，是国外公益事业发展的重要载体。公益信托除了具有破产隔离的制度优势外，还在资金募集、投资运作等方面具有很高的价值，能够有效解决目前

公益事业发展过程中面临的一些问题，并且我国已经通过《信托法》《信托公司管理办法》《关于鼓励信托公司开展公益信托业务支持灾后重建工作的通知》等一系列法律/政策规定，为信托公司开展公益信托奠定了坚实的基础。

二　公益信托概述

（一）公益信托的定义

公益信托是指出于公共利益的目的，为使社会公众或者一定范围内的社会公众受益而设立的信托。其具体运作是，委托人将信托财产委托给受托人，由受托人以自己的名义对信托财产进行管理、使用，并按照信托文件的要求将信托财产及其收益用于实现信托文件所规定的社会公益目的。在我国，没有专门的条文对公益信托进行定义，而是通过列举公共利益种类的方式对公益信托进行界定。其主要目的是救济贫困，救助灾民，扶助残疾人，发展教育、科技、文化、艺术、体育事业，发展医疗卫生事业，发展环境保护事业和其他社会公益事业。

（二）公益信托的类型

1. 维持本金的公益信托、动用本金的公益信托

以信托财产的本金是否直接从事公益为分类标准，可将公益信托分为维持本金的公益信托和动用本金的公益信托。前者的信托本金始终保持在运营状态，仅以运营所得的收益

从事公益活动，本金部分永续存于信托；后者的信托本金及其收益均可完全直接从事公益活动。相较而言，前者更适用于财产规模较大，且期限永续的情形；后者则更适用于财产规模较小，且委托人无意使信托永续的情形。目前，我国公益信托法律并没有按以上类型细分，只是规定公益信托的财产及其收益不得用于非公益目的，相对于委托人的公益意愿要求较高。

2. 一般目的的公益信托、特定目的的公益信托

以公益目的是否特定为分类标准，可以将公益信托分为一般目的的公益信托与特定目的的公益信托。前者的信托目的是一般公益目的，没有特定的限制；后者的信托目的则局限于特定的公益目的，如扶助某个地区的残疾人。

我国《信托法》采取列举方式区分了以下七类特定目的的公益信托：①救济贫困；②救助灾民；③扶助残疾人；④发展教育、科技、文化、艺术、体育事业；⑤发展医疗卫生事业；⑥发展环境保护事业，维护生态环境；⑦发展其他社会公益事业。

3. 单一公益信托、集合公益信托

以委托人是否涉及社会特定多人为分类标准，可将公益信托分为单一公益信托和集合公益信托。前者指信托财产由特定个人或家庭捐资而成立的公益信托；后者指由社会公众共同捐资设立的公益信托。相较而言，前者需要在信托文件中明确规范财产管理内容和委托人的权利义务，防止其以假公益之名而行私益之实；后者在设立及运作时会受到更严格的审查，并有更高的透明度和信息披露要求。

三 公益信托的法规、政策依据及发展状况

20 世纪 80 年代以来，国家慈善救助、基金会或慈善机构的慈善活动作为我国慈善公益事业的两条主要渠道，为我国公益事业的较快发展作出了很大贡献。基金会作为接收捐赠并进行管理的非营利组织，在公益事业中发挥了积极作用。总的来看，基金会的运作已经具有了公益信托的基本性质，如具备基金会、捐赠者和受益人三方信托当事人，确定捐赠物资为信托财产，明确捐赠物资的公益使用目的和管理方法，约定受益人取得资助的方式等，符合信托成立的基本要素。然而，目前很多基金会作为受托人，无论在理论中还是实践中，仍存在缺陷，如理财能力不足，财产难以保值增值；监管机制不完善，基金使用随意性大；缺乏《信托法》要求的设置信托监察人、严格的信息披露义务；等等。这些缺陷都造成基金会等慈善机构的公信力和效率常被质疑，也在一定程度上阻碍了基金会的正常发展。

从理论和实践上来看，由信托公司作为受托人开展公益信托，既有法律基础又具明显优势。

《信托法》第 61 条规定，"国家鼓励发展公益信托"；同时，第 62 条第 3 款规定，"公益事业管理机构对于公益信托活动应当给予支持"；《信托公司管理办法》第 17 条明确规定，"信托公司可以根据《中华人民共和国信托法》等法律法规的有关规定开展公益信托活动"。这为信托公司的受托人资格以及发展公益信托提供了法律基础。另外，汶川灾后，中国银监

会适时发布的《关于鼓励信托公司开展公益信托业务支持灾后重建工作的通知》明确指出："为帮助和支持灾区重建工作，中国银监会鼓励信托公司依法开展以救济贫困、救助灾民、扶助残疾人，发展医疗卫生、环境保护，以及教育、科技、文化、艺术、体育事业等为目的的公益信托业务"，更加促进了信托公司开展公益信托业务。

当前我国的公益慈善事业主要是通过基金会等非营利组织实现的。而在国外，公益信托以其明显的制度优势成为公益慈善事业的主流模式。公益信托除了具有破产隔离的制度优势外，还在投资运作、资金募集等方面具有很高的价值，能够有效解决目前公益事业发展过程中面临的一些问题。

（一）公益信托能够搭建一个各种公益资源跨界合作的平台，撬动更多的公益资源和力量共同参与公益事业

公益信托通过与基金会等非营利组织的合作，扩大基金会的项目管理规模，实现不同基金会的专业分工和合作；通过与大型企业合作，充分利用大型企业的资金、专业技术、品牌优势，提升非营利组织的项目管理和救助能力；通过与高净值人士合作，为他们提供一站式的个人信托事务管理服务，实现慈善救助、财产传承、资产管理等多重管理目标。

（二）公益信托是运作灵活的公益资金归集渠道

公益信托将基金会的募集资金功能与项目管理功能相分离，使基金将更多的精力投到公益项目管理。公益信托产品还能够对接银行渠道，成为社会公众从事公益活动的全新平台。

（三）公益信托可以实现公益财产来源多样化

相比于基金会只能接受现金和实物捐赠，公益信托可以接受包括股权、股权收益权、房产等在内的各类有价财产和财产权，轻松实现委托人愿望。

（四）公益信托可以实现公益财产的保值增值

信托公司是专业的资产管理机构，能够提供丰富的投资理财产品线，通过科学的资产配置，能够最大限度地保证公益信托财产的保值增值，抵御通货膨胀风险。

全球著名的诺贝尔奖基金设立之初的信托财产是从诺贝尔的遗产接收过来的，总共有 3100 多万瑞典克朗（当时合 920 万美元），信托财产用于低风险的投资，以每年的信托收益分设物理、化学、生理或医学、文学及和平五个奖项，授予世界各国在这些领域对人类作出重大贡献的人或组织。

诺贝尔奖基金董事会的一项重要任务是如何让钱生钱，这样才能保证诺贝尔奖的金额。根据 1901 年瑞典国王批准通过的评奖规则，这笔基金应投资在"安全的证券"上，这也正是诺贝尔本人的初衷。对"安全的证券"，当时人们将其理解为"国债与贷款"，也就是以固定的财产做抵押，中央或地方政府做担保，能支付固定利息的国债或贷款。从 1953 年起，基金投资开始从保守转向积极，政府允许基金会可独立进行投资，可将钱投在股市和不动产方面。

诺贝尔奖每年颁发的奖金数额视基金投资收益而定，早期的范围从 11000 英镑（31000 美元）到 30000 英镑（72000 美元），以后逐年有所提高，20 世纪 60 年代为 7.5 万美元，80 年代达 22 万多美元，90 年代至今持续多年都是 1000 万瑞典克朗（在 2006 年颁奖的时候约合 145 万美元）。另外，诺贝尔奖基金的资产总额已增至 40 亿瑞典克朗。可以看出，诺贝尔奖基金 100 多年来的经营是相当成功的。

（五）公益信托可以实现公益资产的规范管理和透明运作

公益信托治理结构完善，通过受托人、监察人、项目管理人、托管人四位一体相互监督、相互制约的完善治理结构，保证公益资金的资产安全和规范运作。信托公司是中国银监会监管的金融机构，公益信托同时接受民政部和中国银监会的双重监管，具有较强的社会公信力。

与传统基金会相比，信托公司开展公益信托具有明显优势：第一，资产管理专业化。信托公司具有专业的理财能力，可以更好地实现公益财产的保值增值。第二，信托业务成熟化。信托公司开展信托业务已日渐成熟，其开发业务模式的实践操作，可以为公益信托的有效开展提供宝贵经验。第三，监管机制完善化。信托公司开展公益信托业务时不但要接受中国银监会的专门监管，根据相关法律法规，还将受到公益事业管理机构、信托监察人的共同监管，能够确保公益资金安全、规范运用。第四，信息披露透明化。信托公司根据法规要求需要及时披露信托财产的管理、运用和处分情况，接受社会公众的监督，更公式化、透明化。第五，信托制度可以实现公益财产来源多样化。在捐赠过程中，很多委托人捐赠的财产不仅有现金，还包括股权、房产等各类有价的财产或者财产权。信托制度实现了所有权与受益权的分离，可以从股权中分离出股权受益权，在房产中分离出房产收租权，等等，使财产所有人在保持对财产的所有权和控制力的前提下，将股权受益权、房产收租权等捐赠给公益事业。

近年来，一些信托公司已经在公益信托领域进行了有益尝试，积累了一定经验。据不完全统计，自1999年华宝信托设立宝恒组合投资信托计划至今，约有11家信托公司设计或推出了12只具有公益性质的信托产品。参照《信托法》对设立公益信托的规定，设立公益信托必须满足"为公共利益目的设立，经公益事业管理机构批准，信托财产及其收益不得用于非公益目的，设置信托监察人"四大要件，而12只信托计划中有8只是以私益目的设立而捐赠部分收益、1只是以私益目的设立而捐赠小比例信托资金。12只中有8只未涉及公益事业管理机构批准和信托监察人设置，1只即中融信托设计的"中华慈善公益信托"获得民政部审批，设置中华慈善总会为信托监察人，但最终并未推出。这些信托产品并非真正的公益信托，可将其称为"具备公益性质的集合资金信托"。12只产品中仅2008年6月西安信托（现为长安信托）推出的"5·12抗震救灾公益信托计划"、2008年10月百瑞信托推出的"郑州慈善公益信托计划"和2009年9月重庆信托发起设立的"金色盾牌·重庆人民警察英烈救助公益信托"3只产品，获得了民政部等部门审批，设立了信托监察人，并将募集资金和收益全部用于公益项目，基本具备了公益信托的设立要素（见表1）。

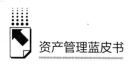

表1 信托公司设立公益性信托计划

时间	受托人	信托计划	信托目的	公益信托审批	监察人
1999年9月	华宝信托	宝恒组合投资信托计划	收益捐赠型:发放"宝钢奖学金"或提供各项资助	无	无
2004年2月	云南国投	"爱心成就未来—稳健收益型"集合资金信托计划(一)	收益捐赠型:捐赠云南省青少年基金会,用于修建信托希望小学及救助云南省内失学儿童	无	无
2005年1月	中融信托	中华慈善公益信托(未推出)	收益捐赠型:残疾孤儿手术康复明天计划	民政部门	中华慈善总会
2006年2月	云南国投	"爱心成就未来——稳健收益型"集合资金信托计划(二)	收益捐赠型:捐赠云南省青少年基金会,用于修建信托希望小学及救助云南省内失学儿童	无	无
2007年8月	重庆国投	爱心满中华集合资金信托计划	收益捐赠型:捐赠中国残疾人福利基金会,用于救助白内障患者的复明手术	无	无
2007年8月	北京信托	同心慈善1号新股申购集合资金信托计划	收益捐赠型:用于北京地区贫困民工子弟学校	无	无
2008年5月	金港信托	四川灾区赈灾公益信托计划	收益捐赠型:用于捐赠四川灾区	无	无
2008年6月	西安信托	5·12抗震救灾公益信托计划	全部财产用于陕西地震灾区受损中小学校舍重建或援建新的希望小学等公益项目	民政部门	希格玛会计师事务所
2008年6月	衡平信托	"爱心系列"信托理财产品	信托资金捐赠型:每期信托募集资金的1%定向捐助灾区,支持中小学校园重建	无	无
2008年8月	中信信托	中信开行爱心信托	收益捐赠型:捐赠给宋庆龄基金会	无	无

续表

时间	受托人	信托计划	信托目的	公益信托审批	监察人
2008年10月	百瑞信托	郑州慈善公益信托计划	信托财产和收益全部用于资助地震灾区及贫困地区教育项目	郑州民政局	郑州慈善总会
2009年9月	重庆信托	金色盾牌·重庆人民警察英烈救助基金公益信托	信托财产及收益将专项用于帮助特困、伤残、牺牲的公安干警及其家属	重庆市公安局	会计师事务所

可见，信托公司利用其专业管理运作优势开展公益信托，可以成为传统基金会发展公益事业的重要补充，对逐步提高公民的社会责任感，加强公益事业规范、透明的发展具有积极的意义。

四　公益信托模式

公益信托结构比较复杂，涉及很多参与主体，不同的参与主体在公益信托这个平台上各司其职，优势互补，同时又通过互相监督、互相制约的机制确保公益信托财产的安全性和规范运用。公益信托的参与主体包括发起人、委托人、受托人、受益人、审批人、保管人、项目管理人、监察人等。公益信托的受益人是整个社会或者一部分社会公众，这一点是公益信托与私益信托最大的不同，公益信托的本金和收益全部用于公益事业。在公益信托中，运行架构和各个管理机构的职责如图1所示。

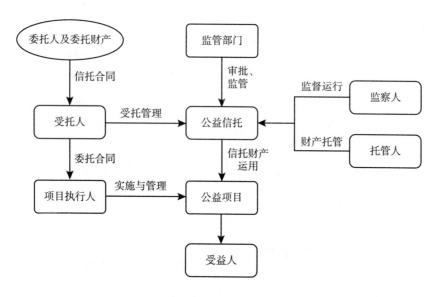

图1 公益信托设立与管理架构

委托人以自己所拥有的合法财产设立公益信托。委托人交付的信托财产既可以是现金，也可以是经评估确认的股权、房产等财产或财产权。

信托公司作为受托人，应为公益信托计划设立专门的管理委员会，并可根据需要设置决策委员会、执行委员会等不同级别的管理委员会。受托人可自己或选择其他机构作为信托项目的执行人，并做好公益项目和项目执行人的选择、监督和评估工作。

公益信托应选择保管人进行独立的财产保管，选择具有社会公信力的机构或个人作为监察人，监督公益信托财产的管理和运用。

公益项目的执行人可以是公益基金会、非营利组织等具有实施公益项目经验和能力的机构。公益项目可由项目执行人向受托人申报并经过受托人评估认定，或受托人通过招标方式选择确定公益项目及项目实施人。

对于暂未使用的公益信托资金，受托人应当按照合法、安全、有效的原则实现基金的保值增值。公益信托的投资范围按照信托合同的规定执行。

五　公益信托在实践中遇到的问题及政策建议

公益事业的发达程度不仅是衡量一个国家社会福利程度高低的标准，也是一个国家人们思想道德观念转变的风向标。助人为乐是中华民族的传统美德。我国目前也有大量公益活动，如各种公益基金会、自然灾害时的社会募捐，但都不成熟、欠规范，比较混乱。有的基金会形同虚设，存在滥用基金、难以保值增值、挪用善款问题。社会募捐中募集人、受捐赠人和捐赠人之间关系不明，常出现募集人和受捐赠人的继承人为争夺捐赠财物而引起诉争，结果事与愿违，影响社会公益事业的发展。而公益信托具有长期性、专业性和规范性，能够弥补上述不足。国家应当以此为契机，调动民间力量，引导和推动公益信托发展。

由于公益信托在我国是新生事物，还未被社会各阶层所熟知，并且相关的法规制度也不够完善。信托公司在开展公益信托过程中遇到了一些需要在制度层面解决的问题。主要体现在：缺乏公益信托在设立、运行管理及如何监管等环节的实施和操作规范；《信托法》中"公益事业管理机构"指向不明，公益信托审批环节不顺；公益信托的委托财产缺乏税收抵免政

策，在一定程度上减少了委托人设立公益信托的意愿。

对于实践中所遇到的问题，基于我国现行法律和行政管理体制，提出如下建议。

首先，国家应当加大对公益信托事业的宣传，信托制度是英美法系的产物，中国移植过来的时间尚短，未被人们从观念上认可，因此国家需要积极倡导，普及公益信托相关知识，以便使之利国利民。

其次，在制度建设方面，应明确公益信托由中国银监会和民政部联合监管，并出台相应的管理制度。公益信托属于社会捐助范畴，公益信托财产属于社会财产，并与政府设立的社会专项基金有所区别。就这两点来说，由中国银监会和民政部联合监管完全符合我国现行的政府机构职能设置。

再次，国家应当出台推行公益信托的相关税收政策。公益信托不同于营利企业，它旨在为社会大众谋取利益，救济贫困，支持科教文卫事业，帮助政府减轻财政压力，故对于公益信托运营收益各国都给予一定的税收减免等优惠政策。税收鼓励政策是促进公益信托发展的有力支点。

最后，对于正在拟订的《慈善法》，应加入公益信托相关内容，在更高一级的立法层面明确公益信托与公益基金会同为社会公益基金的组织形式，并享有相同的税收优惠政策。实际上，我国的各类公益基金，理论上说也属于公益信托。

首页　数据库检索　学术点资源群　我的文献库　皮书全动态　有奖调查　皮书报道　皮书研究　联系我们　读者帮助　搜索报告

权威报告　热点资讯　海量资源

当代中国与世界发展的高端智库平台

皮书数据库 www.pishu.com.cn

皮书数据库是专业的人文社会科学综合学术资源总库，以大型连续性图书——皮书系列为基础，整合国内外相关资讯构建而成。包含七大子库，涵盖两百多个主题，囊括了近十几年间中国与世界经济社会发展报告，覆盖经济、社会、政治、文化、教育、国际问题等多个领域。

皮书数据库以篇章为基本单位，方便用户对皮书内容的阅读需求。用户可进行全文检索，也可对文献题目、内容提要、作者名称、作者单位、关键字等基本信息进行检索，还可对检索到的篇章再作二次筛选，进行在线阅读或下载阅读。智能多维度导航，可使用户根据自己熟知的分类标准进行分类导航筛选，使查找和检索更高效、便捷。

权威的研究报告，独特的调研数据，前沿的热点资讯，皮书数据库已发展成为国内最具影响力的关于中国与世界现实问题研究的成果库和资讯库。

皮书俱乐部会员服务指南

1. 谁能成为皮书俱乐部会员？

- 皮书作者自动成为皮书俱乐部会员；
- 购买皮书产品（纸质图书、电子书、皮书数据库充值卡）的个人用户。

2. 会员可享受的增值服务：

- 免费获赠该纸质图书的电子书；
- 免费获赠皮书数据库100元充值卡；
- 免费定期获赠皮书电子期刊；
- 优先参与各类皮书学术活动；
- 优先享受皮书产品的最新优惠。

卡号：6892520297590892

密码：

（本卡为图书内容的一部分，不购书刮卡，视为盗书）

3. 如何享受皮书俱乐部会员服务？

（1）如何免费获得整本电子书？

购买纸质图书后，将购书信息特别是书后附赠的卡号和密码通过邮件形式发送到 pishu@188.com，我们将验证您的信息，通过验证并成功注册后即可获得该本皮书的电子书。

（2）如何获赠皮书数据库100元充值卡？

第1步：刮开附赠卡的密码涂层（左下）；

第2步：登录皮书数据库网站（www.pishu.com.cn），注册成为皮书数据库用户，注册时请提供您的真实信息，以便您获得皮书俱乐部会员服务；

第3步：注册成功后登录，点击进入"会员中心"；

第4步：点击"在线充值"，输入正确的卡号和密码即可使用。

皮书俱乐部会员可享受社会科学文献出版社其他相关免费增值服务

您有任何疑问，均可拨打服务电话：010-59367227　QQ:1924151860

欢迎登录社会科学文献出版社官网(www.ssap.com.cn)和中国皮书网（www.pishu.cn）了解更多信息

法 律 声 明

　　"皮书系列"（含蓝皮书、绿皮书、黄皮书）由社会科学文献出版社最早使用并对外推广，现已成为中国图书市场上流行的品牌，是社会科学文献出版社的品牌图书。社会科学文献出版社拥有该系列图书的专有出版权和网络传播权，其 LOGO（　）与"经济蓝皮书"、"社会蓝皮书"等皮书名称已在中华人民共和国工商行政管理总局商标局登记注册，社会科学文献出版社合法拥有其商标专用权。

　　未经社会科学文献出版社的授权和许可，任何复制、模仿或以其他方式侵害"皮书系列"和 LOGO（　）、"经济蓝皮书"、"社会蓝皮书"等皮书名称商标专用权的行为均属于侵权行为，社会科学文献出版社将采取法律手段追究其法律责任，维护合法权益。

　　欢迎社会各界人士对侵犯社会科学文献出版社上述权利的违法行为进行举报。电话：010 - 59367121，电子邮箱：fawubu@ ssap. cn。

社会科学文献出版社